간호 읽어주는 남자

BEGINNER SERIES 3

간호 읽어주는 남자

글 김진수

I AM A NURSE

간호사를 꿈꾸는 이들을 위한 직업 공감 이야기

크럭

CONTENTS

프롤로그 · *11p*

Part 1
나의 직업 간호사

1. 간호하는 간호사 · *16p*
QnA
간호사는 무슨 일을 하나요? · *18p*
간호사의 근무 일정은 어떻게 되나요? · *20p*
간호사의 종류는 어떻게 되나요? · *22p*
하루에 몇 명의 환자를 간호하나요? · *26p*
간호는 어떻게 이뤄지나요? · *28p*
간호사와 의사의 역할은 무엇인가요? · *30p*
간호사와 간호조무사는 어떻게 다른가요? · *32p*

2. 간호사의 자질 · *34p*
QnA
간호사가 갖추어야 할 덕목이 있나요? · *38p*
간호사에게 필요한 능력은 무엇인가요? · *40p*
간호사에 적합한 성격도 있나요? · *42p*
간호사로서 꼭 지켜야 할 사항이 있나요? · *44p*

3. 병원과 간호사 · *46p*
QnA
간호사는 병원 내 어디서 일하나요? · *50p*
병원 밖에서 일할 때도 있나요? · *52p*
병원에서 함께 일하는 동료는 누가 있나요? · *54p*
병원 내 몇 명의 간호사가 있나요? · *56p*
각 병원 종류에 따라 간호사의 역할은 어떻게 달라지나요? · *57p*

 # Tip. 우리나라 Big5 병원 · *59p*

Part 2
간호사의 진로

1. 간호사의 첫걸음 · 62p
QnA
간호사가 되기 위해 꼭 간호학과를 가야 하나요? · 66p

우리나라에 얼마나 많은 간호학과가 있나요? · 68p

문과도 간호학과에 갈 수 있나요? · 76p

간호학과에서는 무엇을 배우나요? · 78p

간호학과 실습은 어떻게 이루어지나요? · 81p

간호학과도 해부학 실습을 하나요? · 85p

피를 못 보는데 간호사를 할 수 있나요? · 88p

간호학과도 교직 이수를 할 수 있나요? · 90p

대학을 다니면서 어떤 활동을 하는 게 좋을까요? · 93p

2. 간호사로서의 취업 · 96p
QnA
간호사가 되려면 국가고시는 필수인가요? · 100p

간호사의 채용과정은 어떻게 되나요? · 102p

병원 면접은 어떻게 준비하나요? · 105p

토익 등 외국어 점수가 꼭 필요한가요? · 109p

공부를 잘해야 대학병원에 갈 수 있나요? · 111p

취업 시 가산점이 되는 자격증이 있나요? · 113p

3. 간호사로 거듭나기 · 116p
QnA
입사 후 가장 먼저 하는 일은 무엇인가요? · 120p

부서배치는 어떻게 이뤄지나요? · 122p

간호사로서 부서 및 분야는 스스로 정하나요? · 124p

중간에 부서를 변경할 수도 있나요? · 126p

간호사도 직책이 있나요? · 128p

 # Tip. 나이팅게일 선서 · 131p

Part 3
간호사의 몽타주

1. 병원에서 일한다는 것 · *134p*
QnA
간호사가 되는데 나이 제한이 있나요? · *136p*
간호사의 정년은 언제까지인가요? · *138p*
간호사의 업무 강도는 어떻게 되나요? · *140p*
모든 간호사가 3교대를 하나요? · *142p*
야간 근무가 많다는 게 사실인가요? · *144p*
쉬는 날에는 보통 무엇을 하나요? · *146p*
간호사는 유니폼을 꼭 입어야 하나요? · *148p*
간호사의 급여는 어떻게 되나요? · *150p*
간호사의 복지는 무엇이 있나요? · *152p*

2. 간호사의 무게 · *154p*
QnA
간호사가 아프면 어떻게 하나요? · *158p*
환자의 죽음에 대한 트라우마가 있나요? · *160p*
'태움'이 실제 존재하나요? · *162p*
간호사가 되어서도 공부를 해야 하나요? · *165p*
의학 용어는 어떻게 공부하나요? · *168p*
간호사의 직업병이 있나요? · *171p*

3. 간호사의 순간 · *174p*
QnA
간호사로서 겪은 매력적인 순간은 언제인가요? · *176p*
간호사가 되어 느낀 보람된 순간은 언제인가요? · *178p*
간호사로서 가장 힘든 순간은 언제인가요? · *180p*
간호사를 그만두고 싶은 순간도 있나요? · *182p*

 # Tip. 간호사의 필수 아이템 · *185p*

Part 4
간호사가 말하는 간호사

1. 남자 간호사의 모든 것 · 190p
QnA
남자라면 군대는 언제 가야 하나요? · 194p
남자 간호사의 비율은 보통 어떻게 되나요? · 197p
남자 간호사의 취업률이 100%라는 게 사실인가요? · 200p
남자 간호사의 강점은 무엇인가요? · 202p
남자 간호사라서 겪는 고충이 있나요? · 204p
간호사를 희망하는 남학생 후배들에게 한마디 한다면? · 206p

2. 비전 있는 간호사 · 208p
QnA
병원 내 뻗어 나갈 수 있는 진로가 있나요? · 211p
반대로 병원 외 나아갈 진로가 있나요? · 214p
외국에서도 간호사를 할 수 있나요? · 218p

3. 미래의 간호사 · 222p
QnA
4차 산업혁명으로 인한 간호사 역할의 변화가 있나요? · 224p
의료의 전망은 어떠한가요? · 227p
로봇이 간호하는 시대가 올까요? · 230p
미래 간호사를 꿈꾸는 이들에게 조언한다면? · 233p

 # Tip. 간호사가 사용하는 은어 · 236p

에필로그 · 246p

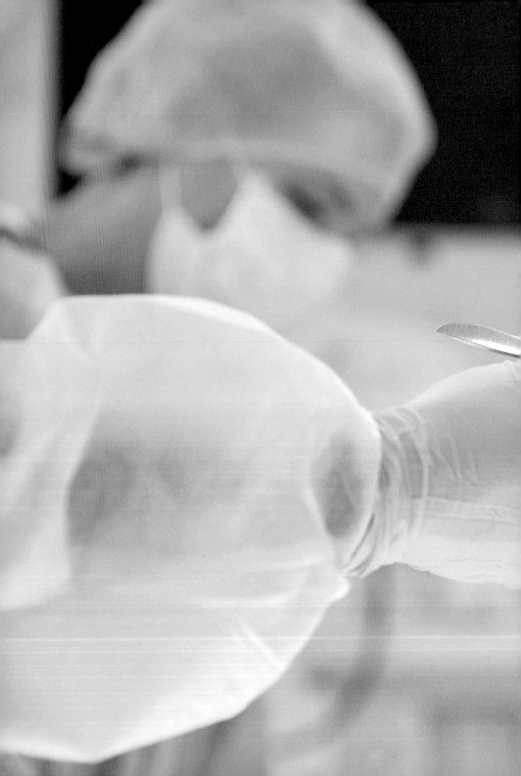

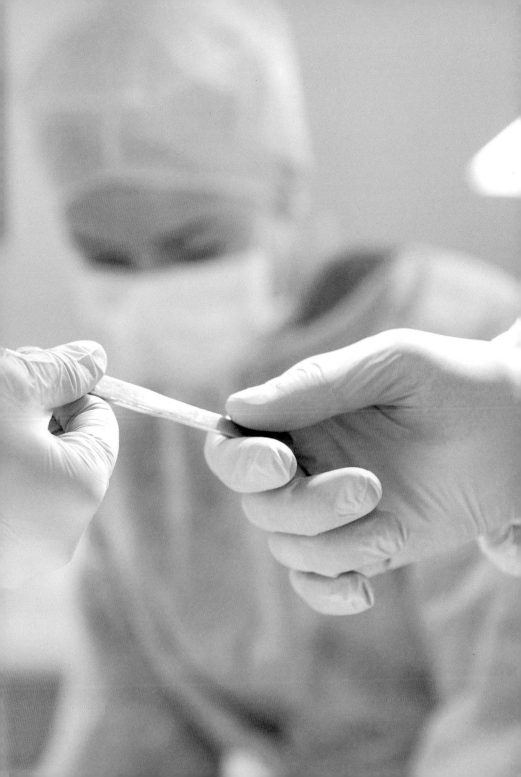

PROLOGUE

나는 간호사이지만 42.195km 마라톤을 달리는 간호사이기도 하며, 수영과 사이클 그리고 러닝을 접목한 철인 3종에 도전하는 간호사이기도 하다. 지금 이 글을 적는 순간에는 작가 간호사이며, 병원 안에서는 환자를 간호하는 수술실 간호사가 된다.

일상의 순간에서 내가 추구하는 일 모두를 가능하게 할 수 있는 것은 스스로 생각을 통제하고 머릿속에서 이미지를 그리면서 연습하기 때문이다. 일명 '이미지 트레이닝'이라고 하는 이 방법은 실제로 내가 마라톤 대회나 철인 3종 대회를 앞두고서 많이 연습하는 방법이다.

만약 내일 대회가 있다면 그 전날 내일의 대회를 먼저 그려보는 것이다. 아침에 일어나는 순간부터 샤워하고 아침 식사로 무엇을 먹을 것인지, 그리고 대회장에 도착해서 그 대회장의 분위기까지 머릿속으로 상상하며 느껴본다.

아직 경험해보지 못했지만 출발 선상에서 대회 시작의 총소리를 기다리는 나의 긴장된 모습, 목표로 하는 기록에 도달할 수 있도록 오버 페이스를 하지 않고 구간별로 조절하는 모습, 주변 경쟁자들과의 경쟁의식도 생각하고 중간 에너지를 보충할 수 있는 구간까지도 디테일하게 그려본다.

이미지 트레이닝의 장점은 공간의 제약 없이 내가 집중할 수 있는 곳이라면 어디에서든 할 수 있다는 것이다. 그리고 이미 접해보지 않았던 경험을 미리 할 수 있다. 완벽하지는 않지만, 흉내는 낼 수 있다. 비록 흉내라고 생각할 수 있겠지만, 머릿속으로 그려보고 전반적인 흐름을 정리해 본다는 것은 실제로도 큰 영향을 미쳐 심리적으로도 안정된 페이스를 가질 수 있도록 도와준다.

지금 자신이 어떤 직업의 모습을 갖추어야 할지, 그리고 무엇이 되고 싶은지에 대한 고민이 있다면 스스로 나의 모습을 그려보는 이미지 트레이닝을 해보길 바란다. 이 책은 바로 스스로 자신의 미래 모습을 더욱 생생하게 그려볼 수 있도록 도와준다.

나는 무엇을 보느냐에 따라 무엇이 될 수 있다고 생각한다. 부족함이 있다면 부족함을 채우면 된다. 부족함을 부정하고 주변의 환경만 탓하기에는 지금 살아가고 있는 이 시대가 호락호락하지 않다. 과거에 대한 후회는 오늘의 노력을 만들고 오늘의 노력은 미래의 기대를 만드는 법이다.

과연 나라는 사람이, 나라는 존재가 미래에 어떤 모습으로 다가올지 감히 상상해 보자. 누구나 할 수 있고 누구나 될 수 있는 그저 그런 사람 말고, 내가 주체가 되어 주변을 변화시킬 수 있는 영향력 있는 사람이 되기를 바란다.

준비되어 있는 마음가짐으로 무엇인가를 대한다면 그것이 절실함이고, 준비가 되지 않은 채 무엇인가를 쫓아간다면 그것은 조급함이다. 꿈을 꾸는 것은 누구나 할 수 있지만 그 꿈을 이루는 준비 과정은 누구나 할 수 없는 법이다. 지금 눈을 감고 나의 마음을 바라보자. 준비되어 있는지.

I am a nurse

Part 1 나의 직업 간호사

1 간호하는
간호사

누군가가 나에게 '간호'의 장점 중 하나를 뽑으라고 한다면 나는 망설임 없이 하나의 우물을 깊게 팔 수 있는 점을 말하고 싶다. 간호학을 전공하여 나중에 간호사가 될 것이라는 확신이 있었기에 대학을 다니면서 갈팡질팡하지 않고 오직 간호의 이론 공부에만 집중할 수 있었다.

하나의 전공을 깊게 이해하고 공부한다는 것은 정말 매력적인 일이다. 나중에는 그 분야의 전문가가 될 수 있는 밑거름이 되는 시간이고 스스로 성장하기에 충분히 집중할 수 있는 시기이다. 무엇보다도 간호학은 실용주의 학문으로 사람의 생명을 살리는 학문이다. 내가 공부하고 견문을 더 넓힐수록 나의 환자들은 간호다운 간호를 받으며 온전한 회복을 할 수 있다.

그런데 하나의 우물만 파왔던 우리는 그저 앞만 보고 달려왔지 정작 우리 주변을 둘러볼 여유조차 갖지 못하는 경우가 많다. 심지어 자신을 바라볼 여유조차 없다. 소위 간호를 한다는 것은 간호사가 환자를 보살피고 돌보는 것을 말하는데, 나는 이 의미를 조금 더 확장해서 말하고 싶다.

16

아픈 환자만 돌보는 것이 아니라 간호를 하는 행위 주체자인 간호사 자신도 돌볼 수 있어야 하는 것으로 말이다. 늘어나는 환자에 비해 환자를 간호하는 간호사는 적어지고 있고 그만큼 의료진들의 피로도는 누적이 되며 지쳐가고 있다.

환자가 온전하게 간호를 받고 치료를 받으며 건강하게 퇴원하기 위해서는 이 모든 행위를 주체적으로 수행하는 의료진이 먼저 건강한 몸과 마음을 지니고 있어야 한다. 그래서 간호사가 아프면 쉬어야 하고, 본인 최선의 컨디션을 지키면서 일해야 간호와 삶의 균형을 이뤄 환자에게 최고의 간호를 할 수 있다.

간호한다는 것은 결국, 나를 지키면서 나의 주변을 돌보는 것이다. 우리는 간호의 한 우물을 깊게 판 것이지 일만 하기 위해서 우물을 판 것은 아니다. 그러므로 억지로 하는 간호가 아니라 정말 사람을 살리고 싶은, 아픔에 공감할 수 있는 간호사가 되기 위해서는 스스로를 먼저 챙길 수 있는 간호사가 되어야 한다.

Q1
간호사는
무슨 일을 하나요?

간호사를 한 문장으로 정의하자면 '의사와 협력하여 환자를 돌보는 전문가'라고 할 수 있다. 간호학과를 졸업하여 간호사 국가고시 시험에 합격하고 보건복지부 장관이 발급하는 간호사 면허증을 취득한 자만이 대한민국 간호사로 환자 곁을 지킬 수 있다.

간호 요구자에 대한 교육 및 상담, 건강증진을 위한 활동의 기획과 수행, 그 밖의 대통령령으로 정하는 보건 활동 등과 같이 교과서적인 간호사의 이미지를 정의할 수 있지만, 이 책에서는 실제 임상에서 겪었던 일들, 그리고 교과서 밖으로 벗어나 몸으로 부딪치며 겪어온 간호사의 모든 것에 대한 정보를 정의해 보고자 한다.

'간호사'의 이미지를 떠올리면 가장 먼저 떠오르는 게 무엇인가. 세상에 태어나 병원을 가보지 않은 자는 없고 병원에서 간호사를 마주치지 않은 사람은 거의 없을 것이다. 이렇듯 병원이라는 공간에서 일하는 간호사의 모습이 가장 먼저 떠오르고, 실제로도 가장 많은 비중을 차지하고 있다. 병원뿐만 아니라 다양한 직종에서 간호사의 역할은 중요하게 여겨지며

18

사회에 꼭 필요한 영역으로 그 역할을 다하고 있다.

병원에서 일하는 간호사는 의사와 협력하여 환자 진료를 돕는다. 환자에게 정확한 약을 투여하고, 식사량도 관찰하며, 환자의 통증도 관리한다. 병원의 환경도 관리하면서 환자에게 최적의 간호를 제공할 수 있도록 도우며, 무엇보다도 환자의 정서적 영역에도 함께 관여하면서 건강하게 퇴원할 수 있도록 불안감을 해소하는 역할을 하기도 한다.

병원 안에서도 병동, 응급실, 수술실, 중환자실 등 다양한 영역에서 활동하기 때문에 그 부서에 맞는 간호를 시행하고 있다. 그렇다고 병원에서만 일하는 것은 아니다. 학교, 기업, 소방소, 보건소, 제약회사 등 사회에서 간호사의 손길이 필요한 곳은 정말 많다.

다양한 영역에서 활동하는 간호사의 모습을 이 책을 통하여 넓고 세세하게 설명하려 한다. 이 책의 끝에서는 단순히 병원에서 환자 곁을 지키는 일만 한다고 생각했던 간호사의 이미지에서 벗어나 넓은 숲을 볼 수 있는 안목을 가질 수 있을 것이다.

간호사의 근무 일정은
어떻게 되나요?

간호사의 역할을 하기 전, 환자가 병원에 입원한다는 것이 무엇을 의미하는지를 먼저 인지하고 있어야 한다. 환자가 병원에 입원했다면 24시간 그 옆에는 의료진이 항상 상주해 있어야 한다는 것이다. 환자는 자신을 케어할 수 없는 상태이기 때문에 의료진의 도움이 필요하고 우리 간호사는 그 환자들 옆에서 돌볼 의무가 있다.

간호사도 병실이나 응급실, 수술실, 중환자실, 내시경실이나 건강검진센터 등 다양한 부서가 있고 그 부서마다 어떤 환자를 어느 시간대에 어떻게 간호하느냐에 따라 근무 일정이 천차만별로 다르다.

기본적으로 병실이나 응급실, 수술실 등 어떤 환자가 언제, 어느 시간대에 올지 모르고 항상 환자를 간호할 준비가 되어 있는 부서는 3교대로 이루어진다고 생각하면 된다. 간호사의 3교대는 크게 낮, 오후, 저녁 이렇게 3가지로 나누는데 이 근무를 데이, 이브닝, 나이트라고 부른다.

간호사의 3교대

- 데이(Day): 06:00 ~ 14:00
- 이브닝(Evening): 14:00 ~ 22:00
- 나이트(Night): 22:00 ~ 06:00

위 근무표는 현재 내가 근무하고 있는 수술실에서의 3교대 시간이며 병원마다 그 시간은 다를 수 있다. 그리고 병실이나 중환자실 등 환자의 인계가 많고 입, 퇴원이 잦은 곳이라면 위 시간보다 1시간 혹은 그 이상으로 출근 시간이 빨라질 수 있다.

항상 외래 시간이 정해져 있는 외래 담당 간호사나, 스케줄을 정해서 건강검진을 받으러 오는 내시경실 혹은 건강검진센터 등에서 근무하는 간호사는 대부분 데이 시간의 근무만 하게 된다. 근무를 시작하는 시간은 위에 제시한 시간보다는 조금 더 여유롭다.

그리고 'On call'이 적용되는 부서도 많다. On Call이란 '긴급 대기'를 뜻하는데 당직의 일환으로 응급한 상황이 발생했을 때 즉시 병원에 와서 간호하는 것을 말한다. 예를 들어 인터벤션실에서 근무하는 간호사인데 교통사고 환자가 발생하여 즉시 뇌동맥류 시술을 해야 하는 경우 바로 병원으로 출근해 간호하는 근무를 말한다. On call이 적용되는 부서는 병원마다 다양하다.

Q3
간호사의 종류는
어떻게 되나요?

흔히 간호사를 생각하면 병원에서 일하는 모습이 떠오른다. 하지만 간호사는 병원에서 일하는 간호사를 제외하고도 다양한 직종과 분야에서 그 역할을 다하고 있다. 간호사의 종류는 다음과 같다.

1. 병원 간호사

의원, 병원, 전문병원, 요양병원, 종합병원 등 의료기관에서 일하는 간호사를 말한다. 종합병원 안에는 다양한 부서가 있으며 주기적으로 부서를 바꿔가며 일할 수도 있고 그 과정에서 자신에게 맞는 부서의 전문성을 더 기를 수 있다.

2. 보건 간호사

간호사 면허증을 취득하고 보건직 공무원 시험에 합격하여 전국 보건소, 보건지소, 지방자치단체 등에서 간호직 또는 보건직에서 근무하는 공무원이다. 해당 지역 주민들의 질병 예방과 건강증진, 모자보건 사업, 노인보건, 정신보건 및 예방접종 등의 업무를 수행한다.

3. 보건진료 전담공무원

농어촌지역에 설치되는 보건 진료소에서 근무하며 가장 기본적인 1차 의료 서비스를 제공한다. 간호사 면허 취득 후 보건진료직 공무원 임용고시에 합격해야 근무할 수 있다.

4. 보건교사

보건교사도 간호사 면허증이 필수로 필요하지만, 간호학과에서 교직과정을 이수해야만 보건교사 2급 자격이 주어진다. 그리고 국공립학교의 보건교사가 되기 위해서 임용시험을 통과해야 한다. 모든 과정을 거치면 학교 내 보건실에서 근무할 수 있으며 학생들의 보건교육 및 보건사업계획 수립 등 건강관리의 핵심 역할을 한다.

5. 노인 요양 방문간호사

거동이 불편하거나 직접 의료기관에 방문하여 진료를 받을 수 없는 노인 환자를 대상으로 직접 가정 방문을 통해 간호, 진료 보조, 요양 상담 등의 간호를 수행한다.

6. 정신보건 간호사

정신질환을 가지고 있는 환자들을 간호하며 주로 정신병원, 사회복귀시설, 정신보건센터, 보건소 등에서 근무한다.

7. 보험심사 간호사

보통 병원 의료기관에 속해서 일하며 환자들의 진료비 청구 및 심사를 관리하고 의료 서비스의 적정성 평가 업무를 담당한다.

8. 산업 간호사

중소기업이나 대기업 등 사업장의 건강관리실에서 근무한다. 근로자의 건강관리와 보건교육을 하며 근무 환경을 개선하고, 위생관리를 통해 사업장 안전보건체제를 수립하는 업무를 담당한다.

9. 법의 간호사

사망 사건이나 아동 및 노인 학대 사건, 성폭력, 가정폭력 등 범죄 사건에 대한 수사 과정에 직접 참여하며 법의학적 증거와 증언을 확보하고 피해자 상담과 치료를 하는 역할을 한다.

10. 전문 간호사

한국간호평가원의 정의에 따르면, 전문 간호사는 보건복지부 장관이 인증하는 전문 간호사 자격을 가진 자로서 해당 분야에 대한 높은 수준의 지식과 기술을 가지고, 자율적으로 의료기관 및 지역사회 내에서 간호대상자에게 상급 수준의 전문가적 간호를 제공하는 자를 말한다. 전문 분야로는 보건, 마취, 정신, 가정, 감염관리, 산업, 응급, 노인, 중환자, 호스피스, 종양, 임상, 아동 총 13가지로 나뉘어 있으며 일정 기간 이상 간호사로서의 경력을 갖춘 뒤 특정 교육기관에서 해당 전문 분야의 교육을 받은 후 전문 간호사 자격시험에 합격해야 한다.

11. 조산사

임산부의 정상적인 분만을 도우며 산후관리 및 신생아 간호도 함께 돕는다. 간호사 면허를 취득한 후 보건복지부 장관이 인정하는 의료기관에서 조산 수습과정을 이수하고 조산사 국가시험에 합격해야 그 자격을 얻을 수 있다.

12. 소방공무원

간호사 면허를 취득한 후 간호업무 분야에서 2년 이상 실무 경험이 있으면 소방공무원 구급 분야 특별채용에 지원할 수 있다. 이 경우 재해, 재난 사고 현장에서 응급처치 및 환자이송 중 간호를 담당하는 구급요원으로 활동할 수 있다.

하루에 몇 명의 환자를
간호하나요?

우리나라에서 간호사 1명당 몇 명의 환자를 간호하는지에 대한 문제는 예전부터 고질적으로 수정, 보완되어야 할 문제로 논의되어 왔다. 간호사의 수는 부족한데 환자는 늘고 있으니 이것은 곧 환자의 생명과 직결되는 문제이다.

병원마다 환자를 간호하는 수에는 차이가 있지만 보통 대학병원 일반 병동의 경우 간호사 1명당 환자 12명 많게는 20명까지 보기도 한다. 요양병원은 40명까지도 보기도 하며 지방병원일 경우에는 그 수가 더 많아진다.

우리나라의 간호사 면허 소지자는 경제협력개발기구OECD 평균보다 많지만 실제로 인구 1,000명당 임상에서 일하는 간호사의 수는 OECD 평균인 7.2명보다 적은 3.5명을 기록하고 있다. 이 수치는 면허증을 취득하고도 실제 임상에서 일하는 간호사 수가 현저히 적다는 것을 의미한다.

우리나라 병동 간호사 1명이 담당하는 평균 환자의 수는 16.3명인데, 여러 나라와 비교를 해보면 미국의 경우 간호사 1명당 5.3명, 스위스는 7.9명, 영국은 8.6명의 환자를 간호하고 있다. 호주의 경우에도 간호사 인력배치 기준을 확대한 후 환자 사망률을 12%나 낮추었다는 기사가 있다.

간호사 1명이 돌봐야 하는 환자의 수가 많아질수록 간호사의 업무부담은 늘어나고 그만큼 환자에게는 더욱 질 높은 간호를 할 수 없다. 이것이 곧 의료의 공백이며 피해는 고스란히 환자가 부담하고 있다.

결국은 간호사 적정인력 배치기준을 법에 명시하고 강제화하는 방법이 필요하다. 그래서 2022년 현재 그 일환으로 '간호사 1인당 환자 수 법제화'를 주장하며 간호법 개정에 간호사들이 힘쓰고 있다.

간호사는 있지만, 간호법이 없는 나라. 지금 대한민국의 현실이다. 간호법 제정을 통하여 간호사도 간호사만의 일을 하고 환자도 환자의 권리를 찾을 수 있는 건강한 대한민국이 되길 바란다.

Q5
간호는
어떻게 이뤄지나요?

환자의 온전한 건강회복을 위해서 간호사는 의사와 협력하여 환자의 치료를 돕는다. 환자에게 처방된 약을 정확하게 투여하고 식사량도 확인하며 환자의 통증도 관리한다. 무엇보다 환자의 프라이버시를 존중하면서 환자가 편안한 환경에서 간호받을 수 있도록 한다.

환자가 수술을 받을 경우에는 수술 전, 수술 후 주의사항을 교육하고 필요한 서류에 관해서 설명한다. 주기적으로 환자의 활력 징후를 측정하여 환자의 건강 상태를 확인하면서 이상 반응이 있다거나 환자가 불편감을 호소할 경우 의사에게 보고하여 적절한 치료를 받을 수 있도록 돕는다.

이러한 모든 상황은 간호기록을 통하여 관리하고 있으며 의료기기 및 소모품에 대한 관리도 함께한다. 간호사는 3교대로 출, 퇴근하지만 환자는 24시간 계속해서 병동에 있기 때문에 간호사가 교대하더라도 환자는 지속적인 간호를 받을 수 있도록 간호사 간에 인수인계도 확실하게 이뤄져야 한다.

환자가 퇴원할 때는 가정에서 주의해야 하는 것에 대해서도 안내한다. 무엇보다 현대 의료는 하루가 다르게 발전하고 있으며 최신화된 의료 기구도 자주 바뀌기 때문에 최신 의료에 대한 연구와 공부가 필요하다.

간호사와 의사의 역할은
무엇인가요?

병원에서 간호사와 의사는 환자 치료의 가장 중심이자 핵심적인 역할을 하고 있다. 간호사는 의사와 협력하여 환자를 돌보는 전문가이다. 의사의 처방이나 규정된 간호 술기에 따라 치료를 행하며 환자의 혈압, 맥박, 체온, 호흡수를 측정하여 환자의 기본 상태에 대해 평가를 한다.

임상 현장에서 간호사와 의사의 역할은 엄연히 구분되어있다. 의사에게는 고유한 처방권이 있으며 간호사는 그 처방을 토대로 하여 환자에게 간호하는 게 기본적인 구조이다. 이 과정에서 간호사는 의사의 처방을 받아야 하므로 지배-복종의 양상을 보이기도 한다.

그래서 이 두 직종의 관계는 병원의 사회, 구조적 관계에서 매우 중요한 긴장국면을 형성하기도 한다. 간혹 환자의 상태가 좋지 않을 때 간호사가 이를 확인하여 의사에게 보고하는데, 적절한 처방을 내지 않는다거나 환자의 상태를 확인하러 곧바로 오지 않는 경우 등 많은 갈등을 일으키는 경우도 많다.

간호사들은 의사의 전문성이나 그 역할에 대하여 인정하면서도 간호사들이 환자 곁에서 더 많은 시간을 보내고 환자의 요구사항에 대하여 더 가까운 곳에서 들을 수 있기에 의사의 부적절한 처방을 받는다는 느낌을 받기도 한다.

하지만 엄연히 둘의 관계는 수직적인 관계가 아니라 수평적인 구조이다. 의사는 의사의 역할이 있고 간호사는 간호사의 역할이 있다. 중요한 것은 환자에게 온전히 집중하여 환자의 치료에 전념해야 한다는 것이다.

Q7
간호사와 간호조무사는
어떻게 다른가요?

일반인들이 생각할 때 간호사와 간호조무사는 모두 병원에서 일하기 때문에 하는 일에 대하여 큰 차이가 없다고 느끼는 경우가 많다. 하지만 간호사와 간호조무사는 하는 역할이 다르고 그 안에서 큰 차이가 존재한다.

간호사는 4년제 대학교 간호학과를 졸업한 후 국가에서 시행하는 간호사 국가고시에 합격하여 보건복지부 장관 명의의 간호사 면허증을 취득해야 한다. 간호조무사는 일반적으로 고등학교 졸업 후 약 9개월간 간호학원에서 기초간호교육이론을 수료하고 특별, 광역시장 또는 도지사가 시행하는 간호조무사 자격시험에 합격하면 된다.

간호조무사는 간호학원 또는 특성화고등학교 보건간호과를 졸업해도 간호조무사 시험에 응시할 수 있다. 거리에서 흔히 보이는 간호학원은 간호사를 양성하는 곳이 아니다. 가장 큰 차이는 간호사는 면허를 받은 의료인이고 간호조무사는 자격을 받은 비의료인이라는 것이다. 의료인에는 의사, 한의사, 치과의사, 간호사, 조산사가 있다.

간호조무사는 의사, 간호사의 지시 및 감독하에 간호 보조 및 진료 보조의 업무를 하는 역할을 한다. 그래서 간호조무사가 '간호사' 명찰을 달고 있는 것은 엄연한 직업 사칭으로 불법 행위에 속한다. 보통 간호조무사는 환자를 안내하고 환자의 검사물을 이송하며 상처치료를 보조하거나 응급처치 등을 도와준다. 병실의 세탁물을 갈고 소모품 등 병원의 물품을 관리하는 역할을 하며 병실을 청결하게 하고 침상을 정리 정돈하는 일을 한다.

간호사는 간호조무사보다 다양한 직군으로의 취업이 가능하다. 임상 병원뿐만이 아니라 연구직, 보험심사 직원, 보건직 공무원, 보건교사, 조산사 등 다양한 분야로 뻗어 나갈 수 있다. 그리하여 일반적으로 간호조무사보다 받는 급여가 더욱더 높다.

2 간호사의
자질

'과연 내가 간호사를 할 수 있을까?'

아이러니하게 대부분 이 생각은 학생 때보다는 간호사로 일
하면서 하게 된다. 대학 시절, 제법 성적도 잘 나와서 병원에
입사하면 순리대로 술술 잘 풀릴 것 같은 느낌을 받았다. 하
지만 막상 병원에 입사하여 직접 환자를 간호하다 보니 스스
로에게 이 질문을 하게 되는 경우가 많이 있었다.

간호사는 사람의 생명을 다루는 일을 하는 직업이다. 그래서
매사에 더욱 신중해야 하며 내가 모르면 환자의 상황이 더 악
화될 수도, 자칫 죽을 수도 있다는 생각에 스스로 그 한계를
정해버리는 경우가 있다.

처음 내가 병원에 입사했을 때를 떠올려 보았다. 간호학과 실
습을 할 때 중환자실에서 깊고 넓게 배울 수 있는 전인 간호
에 대한 매력을 느껴 당당하게 1지망으로 지원했지만, 당시
중환자실 인력이 모두 차 있어서 내가 들어갈 수 있는 자리가
없었다. 아쉽게도 수술실로 배정받게 되었고 그렇게 낯설기만
했던 차가운 수술실에서의 신규간호사 교육이 시작되었다.

수술실에서도 외과 전담간호사로 배정받아 교육을 받았다. 전담간호사로 신규간호사 교육을 받을 때는 간호학과에서 배웠던 이론은 극히 일부분만 적용됐다. 수술기구도 모두 다르고 외과 교수님과 수술에 직접 참여하기 때문에 수술의 과정과 미세한 혈관들에 대한 이해도 필요했다.

보통 스스로 독립하기까지 3개월 정도 프리셉터 선생님에게 교육을 받는데, 당시 인력도 많이 부족했고 3개월의 시간까지 교육을 받을 여력이 없었다. 스파르타식 트레이닝으로 1개월 안에 전반적인 외과 프로시저를 공부했고 더 세세한 부분은 일하면서 배워가며 익혀 나갔다.

우여곡절 끝에 스스로 독립하여 교수님과 1:1로 수술에 들어가기도 했고, 그렇게 다양한 케이스의 수술에 참여하니 내가 생각했던 간호와는 정말 다른 세계에 들어와 있는 것 같았다. 당시 프리셉터 선생님께서 내게 했던 말이 기억난다.

"진수야, 만약에 이 전담간호사가 너에게 맞지 않다고 생각한다면 억지로 참아가면서 하지 말고 정말 네가 원하는 부서로 가는 게 맞는 거다."

당시 신규간호사였던 나는 처음 배정받은 이 부서에서 살아남지 못한다면 결국 내가 지는 거라고 생각했다. 하지만 지금 생각해보니 당시 프리셉터 선생님이 해주셨던 말이 맞다. 같은 간호사의 입장에서 간호를 한다고 하더라도 부서에 따라 하는 간호가 많이 다르다. 특히나 특수파트에서는 더욱 그렇다.

처음부터 특수파트의 간호에 익숙해지고 손이 익어버리면 병동이나 중환자실 등 다른 부서로 로테이션되어 근무하게 될 경우 어려움이 많다.

하지만 세상에 두렵지 않은 도전이 있을까? 처음부터 구멍과 단추가 잘 맞아 무난하게 간다면 더없이 좋겠지만, 중간에라도 그 엇갈린 상황을 인지하고 다시 바로 잡는다면 조금 느리게 갈지라도 올바르게는 갈 수 있다.

같은 간호를 하지만 사람마다 성향이 다르고 추구하는 간호가 다르기 때문에 그 간호의 길을 잘 선택하는 것이 어쩌면 간호사의 운명을 결정짓는 가장 큰 선택이 될 것이다. '내가 간호에 자질이 있구나'라고 생각하는 경우도 내가 속한 부서에서 나의 간호 역량을 넓게 표출할 수 있을 때 나온다.

그러므로 내가 가장 관심이 가는 부서를 선택하기에 가장 좋은 시기는 대학 시절 실습을 나가는 경우이며, 그때 알아차리지 못한다고 하더라도 병원에 입사하여 부서를 배정받았을 때 자신을 바라보는 혹은 앞으로의 미래를 생각해보는 시간을 통해 다시 선택할 수 있다.

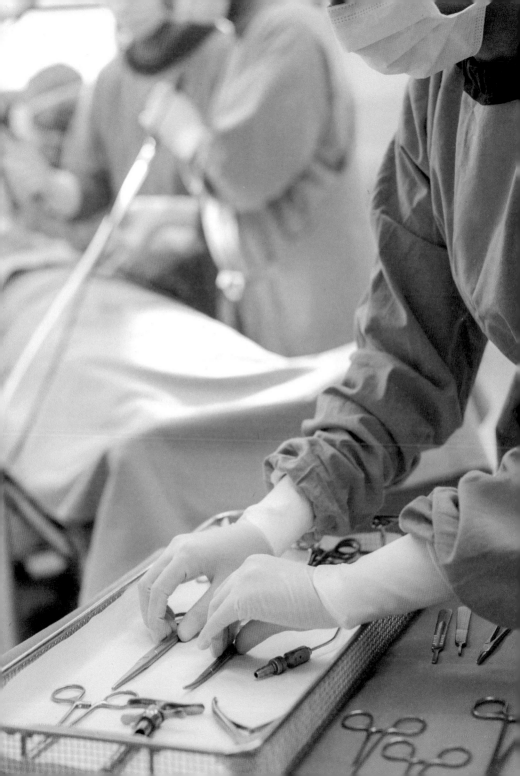

간호사가 갖추어야 할
덕목이 있나요?

생명을 다루는 직업을 가진 의료진으로서 가장 염두에 두고 항상 기억해야 할 것은 '환자에게 해가 되는 행동은 하지 않아야 한다'이다. 환자에게 약물을 주입하는 것뿐만이 아니라 개인적인 프라이버시를 지켜줄 수 있어야 하고 간호하면서 알게 된 사실에 대해서는 의료진 외 그 누구에게도 함부로 발설해서는 안 된다.

간호사는 의료인으로서 의료법을 지켜야 할 의무가 있다. 태아 성 감별을 목적으로 임부를 진찰하거나 임신 32주 이전에 진찰, 검사하면서 알게 된 태아의 성을 발설해서도 안 된다. 면허 취득 후 3년마다 그 실태와 취업상황을 보건복지부 장관에게 신고해야 하며, 간호기록을 환자 본인이 아닌 다른 사람이 열람하거나 그 정보를 주어서는 안 된다.

또한, 환자나 보호자에게 설명해야 하는 설명의 의무도 지니고 있으며, 간호 행위의 주체자인 간호사는 본인의 행위뿐만이 아니라 간호조무사 및 이송 주임님 등 환자에게 행해지는 모든 행동이 적절하게 이루어지고 있는지에 대한 관리 및 지도 감독을 할 수 있어야 한다.

이 모든 것들이 온전하게 이루어지기 위해서는 간호사의 성실성, 정직함, 신뢰성, 책임감 등 남을 존중할 줄 알고 윤리적인 사고방식을 할 줄 아는 심성이 반드시 필요하다. 하지만 간호사도 모두와 똑같은 사람이다. 실수할 수 있지만 그 실수가 반복되어서는 안 되고 상대방에 대한 존중과 배려를 통하여 다른 전문직이 지니고 있는 성품보다도 더 깊이 있는 인간적인 태도가 필요하다. 의사소통할 때도 직설적이고 감정적인 표현보다는 인간에 대한 이해를 통한 사려 깊은 대화를 이어갈 수 있어야 한다.

냉철한 머리와 따뜻한 가슴으로 인간에 대한 애정과 사랑을 실천할 수 있는 사람이라면 환자뿐만이 아니라 함께 일하는 동료들과도 원만한 인간관계를 맺을 수 있을 것이다. 자신의 확고한 간호 신념을 가지고 더 넓은 간호학으로 비상할 수 있는 간호사가 되기를 바란다.

간호사에게 필요한 능력은
무엇인가요?

병원에서 아픈 환자들을 간호할 때면 예상치 못한 일들이 정말 많이 일어난다. 언제나 응급상황은 내가 예상치 못한 순간에 일어나듯이 시간적, 공간적인 제약 없이 사람의 생명을 살리는 의료진이라면 언제든 환자를 살릴 준비가 되어 있어야 한다. 누군가가 나에게 간호사에게 반드시 필요한 능력을 물어본다면 나는 크게 3가지로 나눠서 말해주고 싶다.

첫째, 어떠한 상황에 있더라도 환자를 가장 먼저 챙기는 것이다. 환자들은 몸이 아픈 상태이기 때문에 평소와 같이 움직이기 힘들다. 그래서 침대 위에서도 낙상 방지를 위해 항상 침상 난간을 올려놓고 생활화하며 복도에서도 넘어지면 크게 다치기 때문에 벽에 붙어있는 난간을 잘 붙잡고 다닐 수 있도록 한다.

이렇듯 병원에서는 환자의 2차 사고 발생에 대한 예방을 철저히 하고 있다. 무엇보다도 화재가 발생하면 큰 사고로 번질 수 있기 때문에 화재 예방교육 및 재난 안전교육도 분기별로 교육받는다. 실제로 그런 사고가 안 나는 게 가장 좋지만, 혹시 모를 사고가 발생한다면 의료진은 환자를 가장 먼저 챙겨 더 큰 사고로 이어지는 것을 막아야 한다.

둘째, 언제나 배움의 자세를 잃지 않는 것이다. 간호학은 대학을 졸업해서도, 병원에서 일할 때도 꾸준히 공부해야 하는 학문이다. '어제의 의료는 틀리고 오늘의 의료가 맞다'라는 말이 있을 정도로 현대 의학은 날이 갈수록 빠르게 발전하고 있다. 최신화되는 의료기기와 치료의 접근법이 고도화, 전문화되면서 그 트렌드에 간호사도 뒤처지면 안 된다. 항상 새로운 것을 공부하고 더 나은 간호를 환자들에게 베풀기 위해서 꾸준히 학습하는 배움의 자세를 잃지 않도록 해야 한다.

셋째, 자신을 돌보는 여유를 가지는 것이다. 아픈 환자를 매일 간호한다는 것은 생각만큼 쉬운 일이 아니다. 간혹 아픈 환자만 보다가 스스로 매너리즘에 빠져 오히려 본인이 병에 걸리는 경우가 있다. 그렇게 일상 속에서 우울감의 늪에 빠져 헤어나오지 못한다면 결국 자신의 건강도 잃고 환자도 온전한 간호를 받을 수 없게 된다.

오랫동안 일하고 건강하게 간호할 수 있는 상황은 스스로 만드는 것이다. 평소 일에만 너무 매달려있지 말고 본인이 좋아하는 취미활동도 꾸준히 하면서 자신의 건강을 챙기는 것도 정말 중요하다.

Q3
간호사에
적합한 성격도 있나요?

가장 신뢰받는 직업 중 간호사가 1위로 발표된 적이 있을 만큼 간호사의 이미지는 일반인들에게 정직, 신뢰, 포용 등으로 보여지고 있다. 코로나19로 인해 전 세계가 팬데믹 상황에 놓여있을 때 코로나의 가장 최전선에서 일했던 간호사들을 바라보고 중학생, 고등학생의 장래 희망 상위권에도 간호사가 있다.

이렇듯 아픈 환자들은 자신의 몸을 간호사에게 믿고 맡긴다. 간호사는 그 신뢰를 저버리지 않기 위해 스스로 정직한 성격을 지니기 위해 노력하고 또 그렇게 행동해야 한다. 하지만 언제나 희생과 봉사가 강요되지는 않는다.

간호사도 사람이기 때문에 힘든 일을 지속하다 보면 지치고 힘들 때가 있다. 종종 자신이 견디기 힘들 정도의 높은 강도로 많은 환자를 간호할 땐 정말 그만두고 싶은 순간이다. 그럴 때마다 간호사는 역지사지로 아픈 환자의 입장이 되어 다시 생각해볼 수 있는 이타적인 마음도 필요하다.

지금 내가 일을 그만두면 나의 몸은 편하겠지만 그렇게 되면 함께 일하는 간호사 동료들이 더 많은 일을 해야 하고 그만큼 환자에게 돌아가는 의료의 질은 떨어질 수밖에 없다. 그러면 환자는 100%의 간호를 받을 것을 80%나 60%, 그 이하의 간호를 받을 수밖에 없다.

또한, 간호는 응용과학과 자연과학이 합해진 과학을 근거로 하는 학문이다. 환자에게 투여되는 약물의 종류나 용량, 시간 등 환자 개개인에게 맞춰 정확한 약을 투약할 수 있도록 확인할 수 있는 꼼꼼함과 시간의 정확성도 함께 지녀야 한다.

무엇보다 가장 중요한 것은 자신감이다. 실수하더라도 금방 털고 일어나 다시는 실수하지 않도록 마음가짐을 다잡는 유연함을 가지고 내가 지금 행하고 있는 이 일들이 결코 아무나 할 수 없는 고귀한 일이라는 것을 느껴야 한다.

일히면서 너무 자책만 하거나 자신감을 잃어버리면 잘할 수 있는 일도 그르치게 된다. 4년 동안 열심히 공부했던 자기 자신을 믿고 임상에서 더 공부하고 성장해 나간다는 생각으로 맡은 일에 최선을 다한다면 본인도 나중에 누군가를 가르칠 수 있는 프리셉터 간호사로 성장할 수 있을 것이다.

간호사로서
꼭 지켜야 할 사항이 있나요?

간호사로서 가장 중요하게 여겨야 할 사항이 있다면 가장 1순위는 '환자'라는 것을 명심하는 것이다. 간호사로서 어떠한 일을 하든지 간에 모든 일은 환자의 생명과 직결된다는 것을 잊어선 안 된다. 그렇게 스스로가 느낄 수 있을 정도의 경각심을 가진다면 매사에 신중한 태도를 가지면서 일할 수 있을 것이다.

간혹 매일 같은 간호의 업무를 하다 보면 지치거나 반복적인 일 속에서 긴장을 늦출 수 있다. 하지만 환자의 입장에서는 처음으로 병원에 입원해서 치료를 받는 중일 수도 있고 또 생에 처음으로 수술을 받는 경우도 있을 것이다. 우리에게는 당연하지만, 환자에게는 당연한 일이 아닐 수 있다는 것이다.

'만약 이 환자가 나의 가족이라면?'의 마음처럼 항상 가족을 간호한다는 생각으로 일할 순 없겠지만 적어도 환자가 불편함을 겪거나 상태가 악화되는 일은 미리 방지할 수 있어야 한다.

일하면서 가장 믿어야 할 것은 자기 자신이며 본인이 행하는 일에 확신을 가지기 위해서는 많이 배우고 공부해야 한다. 또 배웠던 간호지식을 환자에게 온전히 나눠줄 수 있어야 한다. 부족한 점이 있다면 스스로 부족한 부분을 채울 수 있어야 제자리에서 도태되지 않고 전문직에 걸맞은 간호사로 거듭날 수 있을 것이다.

명심하자. 간호사로서 가장 중요한 1순위는 환자이다. 간호사로서 환자에게 해가 되는 행위는 하지 않아야 하고, 환자의 건강증진을 위하여 자신의 기량을 높일 수 있도록 항상 준비된 자세를 지녀야 한다.

병원과
간호사

대학 시절, 간호학을 배우면서 '나는 과연 어느 병원에서 근무하는 간호사가 될까?'라는 미래 지향적인 상상을 항상 해왔다. 우리나라뿐만 아니라 세계에는 정말 다양한 병원이 존재한다. 나는 나중에 병원에서 일하는 간호사가 될 것이라는 확신이 있었기에 자연스럽게 나의 직장이 될 병원에 그 누구보다도 많은 관심이 있었다.

세계에서 단 한 번이라도 병원을 가보지 않은 사람이 과연 몇이나 될까? 병원이라는 공간은 우리 일상생활 속에서도 밀접하고 필수적인 공간으로 자리 잡고 있으며 그 안에서 일하는 간호사의 역할은 점점 더 넓어지고 그 책임감도 높아지고 있다.

나는 나중에 어느 병원에서 근무하게 될지 몰라도 어느 병원에서 근무하고 싶은지에 대한 확고한 신념이 있었다. 첫째는 의료진이 근무하고 싶은 병원이다. 우리나라만 해도 병원의 수는 정말 많다. 병원의 수가 많은 만큼 의료진의 수도 많다는 이야기인데, 병원 운영이 잘 되고 환자가 찾아오고 싶어 하는 병원의 조건은 먼저 의료진이 근무하기에 적합한 병원이다.

병원마다 그 이념이 다르기에 운영 방식도 다를 수밖에 없다. 하지만 그 안에서 일하는 의료진이 편안하고 주도적이며 능률적으로 일할 수 있는 곳이라면 더욱 발전 가능성이 높은 병원이라 할 수 있다. 지속가능한 발전과 연구가 없다면 그 병원은 도태되기 마련이며 더욱더 빠르게 최신화되고 미래로 나아가고 있는 요즘 그 시대의 흐름에 맞게 일할 수 있는 환경이 구축되어야 한다.

둘째, 환자가 찾아오고 싶은 병원이다. 의료진도 아플 수 있고, 환자가 될 수 있다. 그렇다면 환자가 된 입장에서 어느 병원을 가서 치료를 받고 싶을까? 가장 먼저 의료진을 먼저 본다. 어느 병원 어느 교수가 수술을 잘하고 진료를 잘 봐준다는 입소문만 잘 퍼져도 그 병원은 그 의료진이 이끌어 갈 수 있을 정도이다.

그리고 병원의 환경을 볼 것이다. 병원은 단순히 수술하고 입, 퇴원만하는 형식적인 공간에서 벗어나 적절한 치유를 받을 수 있는 색다른 공간이 마련되어야 한다. 어느 곳을 가든지 항상 깔끔해야 하며 적절한 조명과 그 안에 예술이 함께 녹아 있다면 더욱 좋다.

그래서 요즘 병원에 가면 약품 냄새가 진동하는 것이 아니라 로비에서부터 고객을 맞이할 준비가 되어 있다. 다양한 예술 작품도 전시하면서 입원 기간의 무료한 시간을 효율적으로 활용할 수 있도록 다양한 방안을 구상하는 것이 고객에 대한 최소한의 예의라고 생각한다.

셋째, 배울 수 있는 병원이다. 처음 간호사로 일할 때 다양한 환자 케이스를 보면서 공부할 수 있는 곳을 원했다. 세상에는 다양한 질병군이 있다. 심지어 새로운 바이러스가 나타나면서 세상에 없던 질병이 생겨나고 있는데 이런 많은 케이스를 접하면서 나의 능력을 높이며 많이 배우고 싶었다.

간호학과에서도 많은 공부를 했지만, 병원에서는 그 이상의 공부를 해야 한다는 이야기를 많이 들었다. 어느 진료에 특성화된 병원은 그 분야를 중점으로 공부하겠지만, 나는 간호사로 처음 일하는 만큼 그 병원의 엑기스를 잘 흡수할 수 있도록 많이 배울 수 있는 곳으로 가고 싶었다.

그래서 내가 생각했던 곳은 어느 곳이 될지 모르지만, 상급종합병원으로 운영되는 대학병원이 목표였다. 그 기준에 맞춰 공부했고 그렇게 대학병원에 입사할 수 있었다.

병원이라는 공간이 낯설게 느껴지지 않도록 많은 곳을 가보기를 추천한다. 그 병원이 우리나라가 될 수도 있고 외국의 병원이 될 수도 있다. 나의 경우에는 어느 여행지를 갔을 때 그 근처의 병원은 꼭 들러보는 습관이 있다.

특히나 해외여행을 갔을 때 그 나라의 유적지만 보는 것이 아니라 병원도 함께 들러 그곳의 분위기를 느껴본다면 우리나라와는 사뭇 다른 그 나라만의 분위기를 느껴볼 수 있을 것이다. 일단 내가 먼저 병원과 친해져야 그곳에서 나도 어색하지 않게, 당당하게 일할 수 있다.

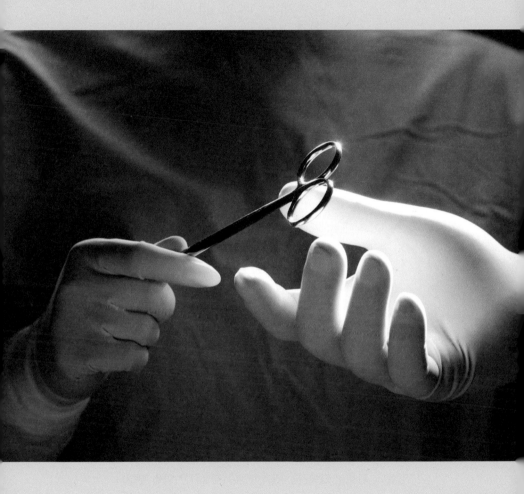

간호사는 병원 내
어디서 일하나요?

병원에서 가장 많은 직원의 직군이 간호사이다. 그만큼 간호사는 병원에서 다양한 부서에 배치되어 많은 일을 담당하고 있다. 환자가 처음 병원에 방문하면 만나는 외래에서도 진료과마다 간호사가 배치되어 있고 검사가 필요한 진단검사의학과, 병리과, 소화기센터에서 일하는 내시경실까지도 모두 간호사가 함께하고 있다.

응급실, 수술실, 중환자실, 일반병실 등 아픈 환자가 있는 곳이라면 언제나 옆에 간호사가 있다고 생각하면 된다. 재활을 필요로 하는 곳에도 물리치료사, 작업치료사도 있지만, 재활병원 내에도 입원실이 있기 때문에 간호사가 함께 상주해 있다.

보통 간호사는 외래 업무나 병동에서 아픈 환자들만 담당한다고 생각하는 사람들이 많은데 간호사는 행정적인 일도 담당한다. 간호부 안에서는 간호사들의 행정적인 일을 담당하거나 교육 전담간호사로 활동하면서 신규간호사들의 교육 및 인사 배치 등의 업무를 담당하는 분도 계신다.

그중 보험심사간호사는 환자들의 적정 보험 수가를 함께 설명해주며, 설명간호사라고 해서 외래뿐만이 아니라 병원 내에서 어떤 검사를 어떻게 받아야 하고 질병에 관하여 자세한 설명을 도와주는 간호사도 있다.

요즘같이 세계 각국에서 찾아오는 외국인 환자들이 많은 병원에서는 국제진료업무센터에서 외국인 환자를 전담으로 간호하는 간호사도 있다. 또한 임상시험센터에서 연구만 담당하는 연구 간호사도 있어 환자들의 건강증진과 질병 예방을 선도하는 곳이라면 어디든 간호사가 있다고 생각하면 된다.

Q2
병원 밖에서
일할 때도 있나요?

병원은 보통 환자가 직접 병원으로 찾아오면 의료진이 치료하는 형태로 운영되고 있다. 하지만 거동이 불편하거나 개인적인 사정으로 인해 병원을 직접 오지 못하는 경우도 있는데 이럴 경우에는 방문간호 서비스를 신청해서 직접 병원에 오지 않고 진료를 받을 수 있다.

방문간호 서비스란 보건복지부 국민건강보험공단에서 노인장기요양제도를 통해 거동이 불편하신 어르신들을 도와주는 서비스이다. 이때 간호사는 의사에게 처방받은 방문간호 지시서에 따라 어르신들에게 맞춤형 간호를 제공하는 역할을 한다. 어르신들은 거주하고 계신 생활 공간에서 편안한 심신 상태를 유지하면서 방문간호 서비스를 받을 수 있다. 이는 어르신들의 신체기능을 높여주는 효과도 있다.

또한, 병원에서 코디네이터 중 장기이식 코디네이터로 활동하면 병원 밖으로 나가는 경우가 많다. 장기이식의 경우에는 장기마다 순번이 있어서 뇌사자 발생 시 그 순서에 맞게 기증 처리가 되곤 한다. 그래서 장기이식 뇌사자 수술이 다른 병원으로 잡혔을 경우 그 병원에 직접 찾아가 장기를 받은 후 병원 수술실로 가져오는 과정까지 모두 담당하게 된다.

보통 전국구의 병원 중 어느 병원에서 뇌사자가 발생하고 장기이식이 이루어질지 모르기 때문에 항상 On Call 형태로 대기하는 경우가 많으며 구급차나 KTX 등 가장 신속하게 다녀올 수 있는 이동 수단을 이용한다.

Q3
병원에서 함께 일하는 동료는
누가 있나요?

환자를 간호함에 있어 다학제적으로 접근하기 때문에 병원 안에서는 많은 동료 직원들과 협력해서 일할 수밖에 없다.

가장 많이 마주하고 서로의 협력이 필요한 관계가 의사다. 먼저 의사의 처방이 있어야 환자에게 올바른 간호를 할 수 있고 또 환자에게 문제가 발생했을 때 역시 서로 효율적인 의사소통을 통하여 문제를 해결한다.

그리고 간호조무사와 함께 조금 더 수월하게 간호할 수 있도록 하며 환자가 수술실이나 다른 검사를 받기 위해 이동이 필요할 때는 이송 기사님을 호출하여 도움을 받는다.

환자의 몸 상태를 정확하기 파악하기 위하여 소변검사, 피검사 등 진단적인 검사가 필요할 때는 진단검사의학과의 임상병리사와 소통하기도 하고, 환자의 통증 조절 및 투약이 필요한 경우에는 병원 내 약국의 약사와 통화를 한다.

수술 후 재활이 필요한 환자에게는 물리치료사와 작업치료사 선생님들과 재활치료 계획에 대하여 상의하기도 한다. 모든 치료과정이 끝나 환자가 퇴원할 때면 입원비 정산 및 퇴원 시 필요한 서류를 발급하는데, 원무과 업무를 봐주시는 선생님들과 의사소통을 통해 원활하게 업무가 이뤄질 수 있도록 협조하기도 한다.

이처럼 입원과 수술, 재활 치료 및 퇴원 모든 과정에 각각 전문적으로 담당하는 동료 선생님들이 계시기 때문에 서로 간의 효율적인 의사소통이 정말 중요하다.

병원 내 몇 명의
간호사가 있나요?

병원에서 가장 많은 비율을 차지하고 있는 직종이 간호사이다. 병원 인력의 70~80% 정도가 간호사라고 해도 과언이 아니다. 병원의 규모에 따라서 다르겠지만 병원을 운영하면서 간호사가 가장 많이 있는 것은 사실이며 또 그만큼 적정 인원수가 채워지지 않아서 항상 모자라는 경우가 많다.

우리나라 Big5 대학병원 기준으로는 한 병원당 3,000명 이상의 간호사가 병원에서 근무하고 있다. 간호사는 24시간 환자 곁에서 간호해야 하며 병실 외에도 외래에서 진료를 보거나 검진센터에서 검사를 받을 때 역시 간호사가 상주해서 환자들을 간호하기 때문에 인력이 많이 필요하다.

이렇듯 병원에서 간호사는 가장 중점적인 역할을 하고 있으며 가장 중심에 서서 병원을 운영하고 환자들을 간호한다. 그래서 병원 안에서의 모든 활동은 간호사와 연관될 수밖에 없으며 간호사의 업무 효율을 높이기 위해서 서로가 도와준다.

Q5

각 병원 종류에 따라 간호사의 역할은 어떻게 달라지나요?

병원이 달라진다고 해서 간호사의 역할이 크게 달라지는 것은 없다. 일단 간호사의 가장 주된 업무는 아픈 환자를 간호하는 것이기 때문에 간호한다는 것 자체에는 변함없이 공통적인 업무이다.

하지만 개인병원, 종합병원, 전문병원, 요양병원 등 병원의 특성에 따라서 하는 일들이 세부적으로 달라질 수는 있다. 개인병원의 경우에는 환자의 외래 업무와 동시에 투약, 진단 검사를 힘께 통합해서 일할 수도 있다. 종합병원의 경우에는 세부적으로 각 전문화된 영역을 담당하여 환자를 담당한다.

전문병원의 예로는 화상 전문병원이나 척추질환 전문병원, 정신병원 등 분야별로 전문화된 영역을 주로 진료하는 병원들이 있다. 그런 병원에서는 전문적인 부분만 집중해서 간호하는 업무를 한다.

요양병원이나 요양원 같은 경우도 하나의 전문병원에 속한다. 주로 노인을 대상으로 간호하기 때문에 노인간호를 주된 업무로 한다. 정신병원의 경우에도 정신질환이 있는 환자를 대상으로 전문적인 간호를 수행한다.

전문병원의 장점은 여러 질환이 있는 환자를 간호하기보다는
특정적인 질환의 환자만을 대상으로 간호하기 때문에 업무의
효율을 높일 수 있으며 더욱 집중적으로 전문적인 간호를 할
수 있다는 점이 있다.

우리나라

Big5 병원

대한민국 Big5 병원 그 안에는 서울아산병원, 신촌 세브란스병원, 삼성서울병원, 서울대학교병원, 서울 성모병원이 있다. 우리나라에서 가장 저명한 병원을 말할 때 의료계에서는 소위 Big5라고 말한다.

병원을 분류할 때는 1차~3차 의료기관으로 나누어 진다. 1차 병원은 보통 우리 일상에서 전문적인 분야 를 보는 의원을 말하고, 2차 병원은 100~500병상 을 두고 일정 수의 진료를 볼 수 있는 전문의를 갖춘 병원이다. 그리고 3차 병원은 상급종합병원으로 500 병상 이상이면서 모든 분야의 진료를 전문적으로 볼 수 있는 병원을 말한다.

Part 1 나의 직업 간호사

Big5 병원을 나누는 가장 큰 기준은 요양 급여비와 병실 규모, 의료의 수준 정도가 되지 않을까 생각한다. 요양 급여비란 요 양 급여에 소요되는 모든 비용을 말한다. 예를 들면 의사의 진 료 행위에 대한 기술료, 약사의 조제 행위에 대한 기술료, 약제 비, 치료재료를 포함한다. 건강보험심사평가원에서는 매년 대 한민국 요양 급여비를 종합하여 자료를 만드는데 그 상위에는 Big5 병원이 올라와 있다.

Big5 병원 안에서도 병원마다 특색이 모두 다르기 때문에 좋 고 안 좋고를 평가하기가 모호하다. 5개의 병원 중에도 기업병 원, 대학병원 등으로도 나뉘고 그 안에서도 이식, 로봇, 소아, 난치병 수술 등으로 특화된 영역이 각양각색이기 때문이다.

I am a nurse

Part 2 간호사의 진로

간호사의
첫걸음

간호학에서는 SN과 RN이라는 용어가 있다. SN은 Student Nurse로 간호학과에서 공부하는 간호 학생을 말하며, RN은 Registered Nurse로 간호학과 졸업 후 간호사 국가고시에 합격해서 보건복지부 장관의 면허증을 가지고 있는 정식 간호사를 의미한다.

내가 생각하는 간호사의 첫걸음은 간호사 면허증을 취득한 후 병원에 취업한 시기가 아니라, 고등학교를 졸업하고 간호학과를 입학한 그 순간이라고 말하고 싶다. 간호학과는 간호사가 되기 위한 최소한의 소양을 닦는 곳으로, 간호학과에 입학했다는 것은 이미 간호사가 될 준비가 되어 있다는 것이다.

대학교의 많은 학과가 전문화되고 깊은 학문을 공부하겠지만, 간호학과는 특히나 깊고 많은 양의 공부를 하는 학과이다. 그래서 대학교 캠퍼스를 걸어 다니다 보면 두꺼운 전공 서적을 몇 개씩이나 한쪽 손에 이고, 터질듯한 가방을 메고 다니는 학생 중 대부분이 간호학과 학생들이다.

하지만 대학 생활은 다시는 오지 않을 청춘의 시간이고 실컷

놀아도 돌아가고 싶은 그런 시기이다. 그래서 간호사의 첫걸음을 내딛는 간호학과에서 너무 강박적으로 공부만 하지 말고 대학생으로서, 청춘으로서 누릴 수 있는 시간을 마음껏 누리면서 간호사의 길을 걸어가면 좋겠다.

매일 보는 간호학과 동기들만 보지 말고, 동아리와 대외활동도 하면서 다른 학과 학생들과도 어울리고 혼자서 여행을 떠나보는 외로움도 느껴보면서, 혹은 혼자만의 여행 안에서 예기치 못한 인연을 만나 여행을 가지 않았다면 만나지 못했을 그런 소중한 순간들을 만들어 보자.

아무리 공부의 양이 많다 하더라도 대학생만큼 시간이 많은 시기도 없다. 결국 나에게 주어진 시간은 내가 컨트롤하는 것이므로 시험 기간에는 밤을 지새우며 공부도 하고, 방학에는 해가 늘어지도록 잠도 자보고 그런 평범한 일상들을 그저 스트레스 없이 보내보자. 사람은 결국 추억을 먹고 살고 힘이 들 때면 과거의 회상만큼 좋은 안식의 시간은 없다.

나 역시도 대학 생활은 후회 없이 했다고 자부하지만 지금 병원이라는 공간에서 하루, 한 시간이 어떻게 지나가는지도 모르게 바쁜 순간을 보낼 때면 결국 회상하는 시기는 대학생의 내 모습이다. 중간고사를 준비해야 하는데 벚꽃에 이끌려 내일의 내가 고생하더라도 지금의 나는 즐거웠던 순간들, 설레는 마음으로 MT에 가서 해가 뜨도록 술을 마신 기억들, 처음으로 아시아를 떠나 지구 반대편으로 여행을 떠났던 기억들, 겨울이면 연탄 봉사를 하면서 따뜻하게 한 해를 마무리했던 기억들 말이다.

결국, 돌이켜 생각해 보면 내가 좋아하는 일을 스스로 찾아 행하고 좋아하는 사람들을 만나면서 경험을 많이 쌓았던 시절이 바로 SN 대학생 때였다. 그래서 간호사의 첫걸음을 내딛고 힘차게 달려오고 있을 간호학과 후배들에게 힘찬 응원의 박수를 보내주고 싶다.

분명 병원에서 일한다는 것이 쉬운 일은 아닐 것이다. 하지만 그렇게 어려운 일도 아니기에 지레 겁부터 먹지 말고 천천히 가되 꾸준히 간다는 마음으로 지금 있는 그 순간에 최선을 다하길 바란다.

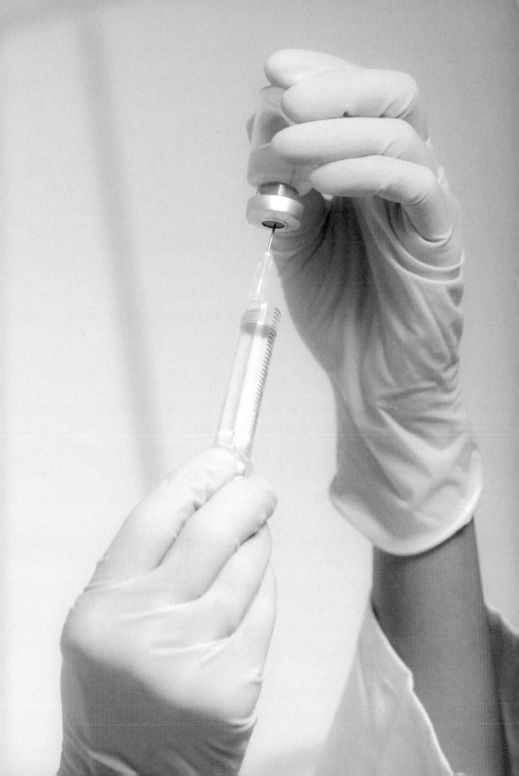

간호사가 되기 위해
꼭 간호학과를 가야 하나요?

간호란 의료 전문성을 기반으로 하며 개인, 가정, 사회를 대상으로 전인적 돌봄을 수행하는 것이다. 포괄적으로는 지역사회를 대상으로 하며 건강의 회복, 질병의 예방, 건강의 유지와 증진에 필요한 지식, 자원을 갖추도록 직접 도와주는 활동을 말한다.

그래서 간호학과에서는 단순히 아픈 환자들을 대상으로만 치료하기 위함이 아니라 넓게는 지역사회, 나아가 전 세계의 인류를 대상으로 돌봄을 실천하는 학문을 배운다. 이러한 이유로 간호사가 되기 위해서는 간호학과에 입학하여 소정의 교과목을 이수하고 간호사 국가고시에 합격한 뒤 간호사 면허증을 취득해야 한다.

간호학은 다른 전공에 비하여 오직 '간호'라는 학문을 깊고 넓게 배우기 때문에 더욱 전문성이 두드러지는 학과이다. 간호사를 전문직이라고 부르는 것도 한 분야에 대하여 전문가라고 할 수 있기 때문이다.

예전에는 간호학과가 3년제, 4년제로 나눠 있기도 했었다. 하지만 최근 정부의 간호대학 4년제 일원화 정책이 실행되어 교육부에서 해당 학교의 간호 교육 여건 등을 심사해 기준을 통과한 학교는 모두 4년제로 승격시키고 있다.

이렇게 모든 간호학과를 4년제로 일원화시킨 이유는 간호사의 역할이 확대되고 있기 때문이다. 급변하는 의료환경에 따라 간호지식과 기술이 다변화하면서 그만큼 간호의 전문성이 더욱 요구되고 있다. 무엇보다도 환자의 생명과 직결되는 직무이기에 환자의 안전을 보장하고 더욱 책임감 있는 간호를 수행하기 위해서도 일원화의 필요성이 제기되어 왔다.

간호학과에 입학하기 위해서는 일반적으로 수시, 정시 전형이 있으며 다른 학과에 입학하였다 하더라도 편입 전형을 통하여 간호학을 이수할 수 있다. 대학마다 입시 전형이 다르므로 먼저 본인이 입학하고자 하는 학교를 찾아본 후 그 학교의 간호학과 입시 전형을 살펴보는 것이 중요하다.

Q2

우리나라에 얼마나 많은 간호학과가 있나요?

2022년 기준으로 다음과 같이 구분할 수 있다.

서울특별시(4년제 대학)

	대학	학부 및 학과	모집인원
1	서울대학교(연건캠퍼스＋관악캠퍼스)	간호대학	63명
2	연세대학교(신촌캠퍼스)	간호대학	73명
3	고려대학교(안암캠퍼스)	간호대학	60명
4	한양대학교(서울캠퍼스)	간호학과	39명
5	중앙대학교(서울캠퍼스)	간호학과	240명
6	경희대학교(서울캠퍼스)	간호학과	85명
7	이화여자대학교	간호학부	78명
8	가톨릭대학교(성의교정)	간호학과	80명
9	성신여자대학교	간호학과	88명
10	삼육대학교	간호학과	69명
11	한국성서대학교	간호학과	45명
12	KC대학교	간호학과	44명

서울특별시(전문대학)

	대학	학부 및 학과	모집인원
1	삼육보건대학교	간호학과	112명
2	서울여자간호대학교	간호학과	168명
3	서일대학교	간호학과	95명

수도권(4년제 대학)

	대학	학부 및 학과	모집인원
1	대진대학교(경기도)	간호학과	65명
2	수원대학교(경기도)	간호학과	41명
3	신한대학교(동두천캠퍼스, 경기도)	간호학과	90명
4	신경대학교(경기도)	간호학과	40명
5	아주대학교(경기도)	간호학과	70명
6	을지대학교(의정부캠퍼스, 경기도)	간호학과	84명
7	을지대학교(성남캠퍼스, 경기도)	간호학과	80명
8	차의과학대학교(경기도)	간호학과	70명
9	평택대학교(경기도)	간호학과	25명
10	한세대학교(경기도)	간호학과	40명
11	인하대학교(인천광역시)	간호학과	80명
12	인천가톨릭대학교(인천광역시)	간호학과	40명
13	가천대학교(메디컬캠퍼스, 인천광역시)	간호학과	255명

수도권(전문대학)

	대학	학부 및 학과	모집인원
1	경민대학교(경기도)	간호학과	102명
2	경복대학교 (포천캠퍼스+남양주캠퍼스, 경기도)	간호학과	313명
3	경인여자대학교(인천광역시)	간호학과	150명
4	동남보건대학교(경기도)	간호학과	134명
5	두원공과대학교(안성캠퍼스, 경기도)	간호학과	120명
6	부천대학교(소사캠퍼스,경기도)	간호학과	93명
7	서정대학교(경기도)	간호학과	125명
8	수원과학대학교(경기도)	간호학과	107명
9	안산대학교(경기도)	간호학과	177명
10	여주대학교(경기도)	간호학과	106명
11	용인예술과학대학교 (경기도, 구 용인송담대학교)	간호학과	80명
12	인천재능대학교(인천광역시)	간호학과	65명
13	국제대학교(경기도)	간호학과	40명
14	수원여자대학교(경기도)	간호학과	167명

충청도(4년제 대학)

	대학	학부 및 학과	모집인원
1	공주대학교(충청남도)	간호학과	64명
2	나사렛대학교(충청남도)	간호학과	45명
3	남서울대학교(충청남도)	간호학과	57명
4	단국대학교(천안캠퍼스, 충청남도)	간호학과	112명
5	백석대학교(충청남도)	간호학과	140명
6	상명대학교(천안캠퍼스, 충청남도)	간호학과	62명
7	선문대학교(아산캠퍼스, 충청남도)	간호학과	57명
8	순천향대학교(충청남도)	간호학과	65명
9	중부대학교(충청캠퍼스, 충청남도)	간호학과	95명
10	한서대학교(서산캠퍼스, 충청남도)	간호학과	60명
11	호서대학교(아산캠퍼스, 충청남도)	간호학과	50명
12	건국대학교(글로컬캠퍼스, 충청북도)	간호학과	76명
13	꽃동네대학교(충청북도)	간호학과	78명
14	세명대학교(충청북도)	간호학과	100명
15	중원대학교(충청북도)	간호학과	98명
16	청주대학교(충청북도)	간호학과	95명
17	충북대학교(충청북도)	간호학과	62명
18	한국교통대학교(증평캠퍼스, 충청북도)	간호학과	58명
19	U1대학교(영동캠퍼스, 충청북도)	간호학과	60명
20	극동대학교(충청북도)	간호학과	71명
21	건양대학교(대전캠퍼스, 대전광역시)	간호학과	160명
22	대전대학교(대전광역시)	간호학과	85명
23	배재대학교(대전광역시)	간호학과	70명
24	우송대학교(서캠퍼스, 대전광역시)	간호학과	65명
25	충남대학교	간호학과	90명
26	한남대학교(대전광역시)	간호학과	60명
27	청운대학교 (산업대학, 홍성캠퍼스, 충청남도)	간호학과	80명
28	국군간호사관학교(대전광역시)		90명

충청도(전문대학)

	대학	학부 및 학과	모집인원
1	강동대학교(충청북도)	간호학과	98명
2	대원대학교(충청북도)	간호학과	131명
3	충북보건과학대학교(충청북도)	간호학과	87명
4	충청대학교(충청북도)	간호학과	134명
5	대전보건대학교(대전광역시)	간호학과	100명
6	우송정보대학교(대전광역시)	간호학과	60명
7	백석문화대학교(충청남도)	간호학과	160명
8	신성대학교(충청남도)	간호학과	120명
9	혜전대학교(충청남도)	간호학과	152명
10	대전과학기술대학교(대전광역시)	간호학과	200명

강원도(4년제 대학)

	대학	학부 및 학과	모집인원
1	강원대학교(춘천캠퍼스)	간호학과	85명
2	강원대학교(도계캠퍼스)	간호학과	65명
3	가톨릭관동대학교	간호학과	100명
4	경동대학교(원주문막 메디컬캠퍼스)	간호학과	355명
5	상지대학교	간호학과	61명
6	연세대학교(미래캠퍼스)	간호학과	50명
7	한림대학교	간호학과	105명
8	강릉원주대학교	간호학과	75명

강원도(전문대학)

	대학	학부 및 학과	모집인원
1	강릉영동대학교	간호학과	150명
2	강원관광대학교	간호학과	98명
3	세경대학교	간호학과	50명
4	송곡대학교	간호학과	74명
5	송호대학교	간호학과	50명
6	한림성심대학교	간호학과	128명

전라도(4년제 대학)

	대학	학부 및 학과	모집인원
1	군산대학교(전라북도)	간호학과	40명
2	예수대학교(전라북도)	간호학부	124명
3	우석대학교(전주캠퍼스, 전라북도)	간호학과	140명
4	원광대학교(전라북도)	간호학과	130명
5	전북대학교(전주캠퍼스, 전라북도)	간호학과	100명
6	전주대학교(전라북도)	간호학부	50명
7	한일장신대학교(전라북도)	간호학과	52명
8	동신대학교(전라남도)	간호학과	135명
9	목포대학교(전라남도)	간호학과	60명
10	목포가톨릭대학교(전라남도)	간호학부	90명
11	세한대학교(영암캠퍼스, 전라남도)	간호학과	80명
12	순천대학교(전라남도)	간호학과	60명
13	초당대학교(전라남도)	간호학과	185명
14	한려대학교(전라남도)	간호학부	50명
15	광주대학교(광주광역시)	간호학과	200명
16	남부대학교(광주광역시)	간호학과	200명
17	광주여자대학교(광주광역시)	간호학과	141명
18	송원대학교(광주광역시)	간호학과	124명
19	전남대학교(광주캠퍼스, 광주광역시)	간호학과	88명
20	조선대학교(광주광역시)	간호학과	80명
21	호남대학교(광주광역시)	간호학과	160명
22	호원대학교(산업대학, 전라북도)	간호학과	73명

전라도(전문대학)

	대학	학부 및 학과	모집인원
1	군산간호대학교(전라북도)	간호학과	221명
2	군장대학교(전라북도)	간호학과	89명
3	원광보건대학교(전라북도)	간호학과	178명
4	전북과학대학교(전라북도)	간호학과	121명
5	전주비전대학교(전라북도)	간호학부	105명
6	광주보건대학교(광주광역시)	간호학과	137명
7	기독간호대학교(광주광역시)	간호학과	111명

8	동강대학교(광주광역시)	간호학과	165명
9	동아보건대학교(전라남도)	간호학과	136명
10	서영대학교(광주캠퍼스, 광주광역시)	간호학과	191명
11	조선간호대학교(광주광역시)	간호학과	139명
12	순천청암대학교(전라남도)	간호학과	200명
13	순천제일대학교(전라남도)	간호학과	69명
14	전남과학대학교(전라남도)	간호학과	199명
15	목포과학대학교(전라남도)	간호학과	148명
16	한영대학교(전라남도)	간호학과	73명

경상도(4년제 대학)

	대학	학부 및 학과	모집인원
1	경운대학교(경상북도)	간호학과	180명
2	경일대학교(경상북도)	간호학과	135명
3	경주대학교(경상북도)	간호학과	41명
4	김천대학교(경상북도)	간호학과	105명
5	대구대학교(경상북도)	간호학과	120명
6	대구한의대학교(경상북도)	간호학과	85명
7	동국대학교(경주캠퍼스, 경상북도)	간호학과	85명
8	동양대학교(영주캠퍼스, 경상북도)	간호학과	70명
9	안동대학교(경상북도)	간호학과	40명
10	위덕대학교(경상북도)	간호학과	125명
11	경북대학교(대구캠퍼스, 대구광역시)	간호학과	110명
12	계명대학교(성서캠퍼스, 대구광역시)	간호학과	140명
13	대구가톨릭대학교(루카캠퍼스, 경상북도)	간호학과	125명
14	경성대학교(부산광역시)	간호학과	50명
15	고신대학교(송도캠퍼스, 부산광역시)	간호학과	120명
16	동명대학교(부산광역시)	간호학과	60명
17	동서대학교(부산광역시)	간호학과	80명
18	동아대학교(구덕캠퍼스, 부산광역시)	간호학과	105명
19	동의대학교(부산광역시)	간호학과	110명
20	부경대학교(부산광역시)	간호학과	40명
21	부산가톨릭대학교(부산광역시)	간호학과	115명

22	신라대학교(부산광역시)	간호학과	50명
23	인제대학교(부산캠퍼스, 부산광역시)	간호학과	88명
24	울산대학교(울산광역시)	간호학과	99명
25	가야대학교(경상남도)	간호학과	149명
26	경남대학교(경상남도)	간호학과	95명
27	경상국립대학교(경상남도)	간호학과	110명
28	부산대학교(양산캠퍼스, 경상남도)	간호학과	80명
29	영산대학교(양산캠퍼스, 경상남도)	간호학과	95명
30	창신대학교(경상남도)	간호학과	100명
31	창원대학교(경상남도)	간호학과	36명
32	한국국제대학교(경상남도)	간호학과	40명

경상도(전문대학)

	대학	학부 및 학과	모집인원
1	가톨릭상지대학교(경상북도)	간호학과	175명
2	경북과학대학교(경상북도)	간호학과	138명
3	경북전문대학교(경상북도)	간호학과	160명
4	구미대학교(경상북도)	간호학과	211명
5	경북보건대학교(경상북도)	간호학과	235명
6	계명문화대학교(대구광역시)	간호학과	127명
7	대경대학교(경상북도)	간호학과	137명
8	대구과학대학교(대구광역시)	간호학과	230명
9	대구보건대학교(대구광역시)	간호학과	184명
10	문경대학교(경상북도)	간호학과	162명
11	서라벌대학교(경상북도)	간호학과	60명
12	선린대학교(경상북도)	간호학과	220명
13	수성대학교(대구광역시)	간호학과	134명
14	안동과학대학교(경상북도)	간호학과	216명
15	영남외국어대학(경상북도)	간호학과	45명
16	영남이공대학교(대구광역시)	간호학과	160명
17	영진전문대학교(대구광역시)	간호학과	96명
18	포항대학교(경상북도)	간호학과	92명
19	호산대학교(경상북도)	간호학과	198명

20	거제대학교(경상남도)	간호학과	110명
21	경남정보대학교(부산광역시)	간호학과	123명
22	김해대학교(경상남도)	간호학과	145명
23	마산대학교(경상남도)	간호학과	220명
24	대동대학교(부산광역시)	간호학부	210명
25	동주대학교(부산광역시)	간호학과	114명
26	부산과학기술대학교(부산광역시)	간호학과	111명
27	부산여자대학교(부산광역시)	간호학과	150명
28	울산과학대학교(울산광역시)	간호학과	140명
29	진주보건대학교(경상남도)	간호학과	254명
30	창원문성대학교(경상남도)	간호학과	82명
31	춘해보건대학교(울산광역시)	간호학과	230명
32	경남도립거창대학(경상남도)	간호학과	65명
33	동의과학대학교(부산광역시)	간호학과	122명
34	동원과학기술대학교(경상남도)	간호학과	133명

제주특별자치도(4년제 대학)

	대학	학부 및 학과	모집인원
1	제주대학교	간호학과	70명

제주특별자치도(전문대학)

	대학	학부 및 학과	모집인원
1	제주관광대학교	간호학과	72명
2	제주한라대학교	간호학과	210명

Q3
문과도 간호학과에
갈 수 있나요?

대학마다 간호학을 자연과학계열, 보건계열, 의약계열 등 분류하는데 차이가 있어서 대부분 '이과'의 학문이라고 생각하는 사람들이 많다. 하지만 간호학과는 문과, 이과 모두가 지원할 수 있는 공통학문이다. 그래서 문과를 전공한 학생들도 간호학과에 지원할 수 있다.

기본적으로 자연계열에 속해있어 이과계열의 학생들이 많기도 하지만 그렇다고 문과계열이 극히 드문 것은 아니다. 나역시도 문과 출신으로 간호학을 전공하였으며 실제 학교나임상에서도 문과 출신의 간호사 선생님들이 많이 있다.

문과, 이과뿐만이 아니라 예체능계열 전공자나 전문계 고등학교 출신 등도 간호학과에 지원할 수 있는 공통학문이다. 그렇다면 여러 학과 중 간호학을 전공하는데 유리한 학과는 어디일까. 정답은 알 수 없다. 그 이유는 간호학과에서는 기초과학, 기초의학, 기초간호과학 등 이과계열의 학문도 배우지만 사회과학, 윤리학 등 문과계열의 학문도 함께 배우기 때문이다.

그래서 간호학과에서 병리학, 생리학 등 일반 물리에 대한 수업을 들을 때 이과 출신의 동기들은 고개를 끄덕이며 이해하는 모습의 제스처를 취하는 반면, 문과 출신의 동기들은 눈살을 찌푸리며 이해할 수 없다는 표정을 짓곤 한다. 하지만 심리학, 사회학 및 윤리학 수업을 들을 때 문과 출신 동기들의 눈빛은 빛나기 시작한다.

이처럼 간호학과는 문과, 이과를 통합하여 모든 학문을 배워서 한 인간 생명체에 관한 공부를 깊게 하는 학문이기 때문에 다양한 학문을 포용하며 수용할 수 있는 겸허한 자세가 필요하다.

Q4
간호학과에서는
무엇을 배우나요?

최근 전국에 있는 간호학과는 모두 4년제로 일원화되면서 대학교 4년 동안 학년별로 간호학에 대한 전반적인 학문을 공부한다. 대학마다 교양과목은 다를 수 있지만, 전공과목은 거의 동일하다고 봐도 무관하다. 왜냐하면, 간호학과에서는 정해진 전공과목을 필수로 이수해야 하며 이 전공과목을 토대로 나중에 간호사 국가고시를 보기 때문이다. 진반직으로 학년별로 배우는 학문은 다음과 같다.

1학년

일반적으로 대학교 1학년은 교양과목을 듣게 되는데 여기에는 해부학, 생리학, 생화학, 미생물학, 병리학, 약리학 등 기초 간호과학에 대한 과목을 배우게 된다. 또한 심리학, 사회학, 간호와 의사소통, 생명윤리 및 간호윤리에 대한 사회과학에 대한 과목도 함께 배운다.

그리고 간호학과에서도 교직 이수를 통하여 보건교사 2급 자격을 얻을 수 있다. 하지만 모든 학생에게 그 기회가 주어지는 것이 아니라 간호대학 1학년을 마치는 시점에서 성적 우수자보통 10% 이내들이 2학년부터 교직과목을 들을 수 있다.

2학년

2학년부터 전공과목을 이수하게 된다. 기본간호학을 시작으로 의학 용어도 배우게 되며 무엇보다도 3학년부터 시작되는 간호학 실습에 준비할 수 있도록 간호의 기본기 학문을 닦는 시기이다.

성적이 우수하여 교직과목을 이수할 수 있는 학생들은 2학년부터 교직과목을 들을 수 있다. 교직과목은 방과 후 교직 이수자들만 별도로 모여 수업을 듣게 되는데, 일반 학생들보다도 추가로 과목을 이수하고 시험도 보기 때문에 더 많은 양의 공부를 한다는 단점이 있다. 하지만 추후 보건교사 2급 자격을 얻게 되면 초등학교, 중학교, 고등학교에서 보건교사로 일할 수 있는 시험의 기회가 주어진다.

교직과목에는 교육학개론, 교육심리학, 교육사회학, 교육철학, 교육사, 교육평가, 교육행정 및 교육경영, 교육방법 및 교육공학, 생활지도 및 상담, 특수교육학개론, 교직실무, 교육실습4주의 과정으로 이루어진다.

3, 4학년

3, 4학년은 전공필수 과목들을 배우며 본격적인 병원 실습을 나가는 시기이다. 이 시기에 배우는 과목들이 4학년을 마치고 간호사 국가고시를 보는 과목과 일치하기 때문에 학점 관리를 하면서 동시에 국가고시 준비도 함께할 수 있다. 물론 3학년 때 배운 내용이 국가고시를 준비하면서 완전히 기억나지는 않지만, 단계별로 배우는 내용의 누적으로 간호학 이론

들이 연결되기 때문에 더욱 관심 있게 공부해야 한다.

간호학 전공과목으로는 기본간호학, 성인간호학, 아동간호학, 여성건강간호학, 정신건강간호학, 지역사회간호학, 간호관리학, 간호학개론, 보건의료법규, 노인간호학, 간호정보학, 간호연구, 핵심간호술기, 간호과정, 건강사정, 간호통계학이 있다.

이처럼 간호학과에서는 학년마다 이수하는 과목들이 정해져 있다. 이론과 실습을 모두 병행해야 하는 학과이기에 수강해야 하는 과목들의 과정들은 학과에서 모두 정해준다. 과목들을 정해준다는 것은 수강 신청을 할 때 우리가 어떤 과목을 들을지 고민할 필요가 없다는 것이다.

이미 정해진 과목들에 대한 과목들만 신청할 뿐 학과에서 정해준 이론, 실습을 그대로 따라가야 이론과 실습 1,000시간을 모두 이수하고 졸업할 수 있다. 그래서 다른 학과들처럼 좋은 과목을 들으려 긴장하면서 수강 신청을 할 필요가 없다.

우리는 간호사가 될 것이라는 확신이 있으며 간호학 하나의 우물만 잘 파면되는 학과이기에 이것저것 고민할 필요가 없고, 고민할 시간에 간호학 공부를 한다.

Q5
간호학과 실습은
어떻게 이루어지나요?

간호학과에서 이수해야 하는 실습 시간은 1,000시간이다. 보통은 3학년부터 병원 실습을 나가는데 기본간호학부터 시작해서 성인, 여성, 아동, 노인, 정신, 지역사회, 간호관리 실습 등 교과목별로 실습을 나가게 된다. 실습은 아침에 출근하는 데이Day, 오후에 출근하는 이브닝Evening 형태로만 근무하며 저녁에 출근하는 나이트Night 근무는 나가지 않는다.

실습하려면 실습복을 맞춰야 하는데 보통은 2학년 2학기에 실습복을 맞춘다. 간호학과에서는 실습에 나가기 전 나이팅게일 선서를 하는데 이 선서를 통해 예비 간호사로서 자긍심과 책임감을 가지고 간호의 기본정신을 다지게 된다. 나이팅게일 선서식은 간호학과에서는 가장 큰 행사라 해도 과언이 아닐 정도로 중요한 순간이다. 선서식은 실습복을 입고 하기 때문에 학교별로 정해진 실습복을 맞추게 된다.

실습을 나가는 병원은 학교마다 모두 다르다. 보통 자대 병원이 있는 경우에는 본인의 대학교에 소속된 병원에서 주로 실습이 이루어지고, 자대 병원이 없는 경우에는 지역사회 안에 있는 병원들과 연계되어 실습을 나가게 된다. 그래서 실습 중

에는 다른 학교의 간호학과 학생들과 함께 교육을 받는 경우
도 있다.

보통 실습을 나가게 되면 대학에서 이론 수업을 들을 수 없는
데, 정해진 학점은 모두 이수해야 하기 때문에 실습을 나가면
서 듣지 못한 이론 수업은 나중에 더블 수업이라고 하여 평소
에 듣는 이론 수업보다 두 배로 한 번에 몰아서 듣게 된다. 그
래서 3학년의 이론 수업 시간표를 보면 1교시부터 8~9교시
까지 월요일부터 금요일 모두 빽빽하게 채워져 있는 것을 볼
수 있다. 괜히 간호학과가 고등대학교라고 불리는지를 알 수
있는 시기이다.

그렇다면 실습하면서 어떤 것을 배울 수 있을까? 사실 간호대
학생으로 실습을 나가게 되면 아직 간호사 면허증이 없기 때
문에 병원에서 할 수 있는 일들이 한정적이다. 배정받은 부서
의 간호사 선생님을 따라다니며 간호사 선생님이 하는 일들
을 관찰하며 또 보호자 응대 및 병원에서 발생할 수 있는 예
기치 못한 많은 일들의 대응 방법에 대해서도 배울 수 있다.

스스로 주도적으로 할 수 있는 일들은 환자의 혈압, 맥박, 호
흡수 등 활력 징후를 측정하는 일들이 있으며, 무엇보다도 실
습 기간 중 특정 환자를 배정받아 그 환자의 사례연구를 수행
하는 Case Study를 하게 된다.

Case Study는 부서에 있는 특정 환자를 임의로 선택하여 그
환자의 병력, 과거력 등 필요한 정보들을 모두 수집하고 간호

사정을 하는 일을 말한다. 보통은 Case Study를 통해 정리한 것을 토대로 실습 점수가 부여되기 때문에 특정 병동에 배정 받았을 때는 그 병동의 특징을 먼저 파악하고 어떤 환자들이 입원해 있는지, 그리고 본인이 조금 수월하게 Case Study를 할 수 있는 환자를 선택하는 것이 중요하다. 너무 중증도가 높다면 방대한 정보를 수집해야 하므로 힘들 수 있고, 중증도 가 너무 낮아도 필요한 정보가 적기 때문에 같은 질환의 환자 를 선택하더라도 나이, 성별, 과거력 등 전반적인 조사를 한 뒤에 세부적으로 정리해 나가는 것이 좋다.

실습에 대한 평가는 Case Study, 부서에 맞는 의학 용어 시험, 실습 실기 평가 그리고 병원 부서 파트장님 평가로 이루어진 다. 의학 용어와 실기 평가는 모두 같은 문항으로 시험을 보 며 종합적인 평가를 통해 전공 실습 점수를 받게 된다.

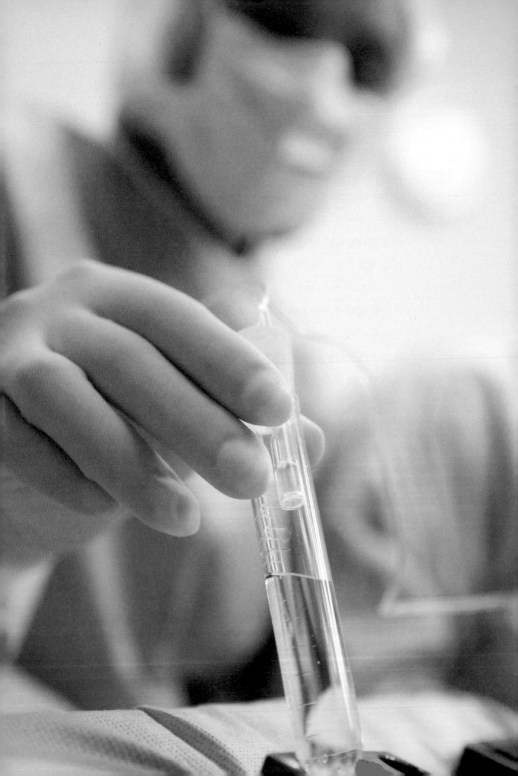

Q6
간호학과도
해부학 실습을 하나요?

간호학과에서도 해부학 실습을 한다. 해부학 실습을 '카데바 Cadaver 실습'이라고 부르는데 여기서 카데바란 의학 교육 및 연구 목적의 해부용 시체를 가리키는 의학 용어로, 본래 시체라는 뜻이다. 카데바 실습은 보통 해부학 이론을 이수한 뒤 나가게 된다.

우리나라에서 카데바는 생전 본인의 사전 동의가 있어야만 가능하며 장기기증 혹은 오로지 교육과 연구 목적으로만 쓰일 수 있다. 이 내용은 시체 해부 및 보존에 관한 법률로 규정하고 있다. 카데바는 본인의 의사뿐만이 아니라 가족 전체의 동의를 얻어야 하므로 그 선택을 하기까지에는 정말 큰 결심이 필요한 일이다.

카데바 실습은 항상 할 수 있는 것이 아니라 대학병원에서 정해진 스케줄에 따라 진행하게 되며 의대생들과 함께하는 경우도 많다. 해부학 실습을 하기 전에는 학생들이 교육받을 수 있도록 큰 용기를 내어주신 고인에 대한 감사의 인사를 드리는 묵념을 하고 시작한다. 그만큼 해부학 실습에 임할 때의 자세는 그 어느 때보다도 더욱 경건한 자세를 지녀야 하며 예비 의료인으로서의 책임감을 가져야 한다.

카데바라고 해서 사망 직후의 모습으로 실습하는 것은 아니
다. 실제 장기를 온전하게 볼 수 있는 경우도 있지만, 보통은
인체의 부패를 막기 위해 포르말린 용액 처리를 한 뒤 장기들
을 보는 것이 대부분이다. 그래서 포르말린 특유의 향이 실습
후에도 몸에 배어있다.

카데바의 손과 발은 편안하게 펴져 있지 않고 웅크린 모습을
하고 있다. 이것은 사후경직 때문인데, 사후경직이란 사망한
후 일정 시간 지난 다음 근육이 수축하여 딱딱하게 되는 현상
을 말한다. 실제 장기들은 딱딱해져 있으며 머리부터 발끝까
지, 뇌와 심장, 근육 뼈의 곳곳을 살피게 된다.

보통 시체와 대면하고 있으면 공포의 느낌을 받지 않느냐는
질문을 많이 받는데, 먼저 실습장에 들어가면 포르말린의 향
이 온몸을 덮어 이 향에 익숙해지는 시간이 필요하다. 그리고
시체는 모두 흰 천으로 덮여 있고 부분적으로 실습하면서 펼
친 후 다시 덮는 방식으로 진행되기 때문에 실제로 실습을 하
면서 기절하는 사람은 거의 없다. 단, 속이 울렁거리거나 머리
가 아프거나 어지러운 증상을 호소하는 경우는 많다.

카데바 실습에서 장기들을 보는 것에 큰 어려움이 없고 흥미
가 있다면 나중에 수술실 간호사로 근무하는 것을 추천한다.
수술실에서는 살아있는 장기를 수술해야 하므로 가장 먼저
장기에 대한 거부감이 없어야 한다. 하지만 카데바 실습이 어

려웠다고 해도 크게 실망할 필요는 없다. 학교를 다니면서 카데바 실습은 단 한 번뿐이고, 시체와 장기들을 못 보더라도 간호할 수 있는 분야는 정말 많다.

카데바 실습에서 가장 중요한 것은 고인에 대한 예의를 갖추는 것이며 경건한 분위기에서 실습에 임해야 한다는 것이다. 함께 실습하는 동기들과 크게 웃거나 떠들지 않아야 하며 사진 촬영 및 외부 유출은 절대 금해야 한다.

Q7
피를 못 보는데
간호사를 할 수 있나요?

눈앞에서 피 나는 것을 보면 어지럽고 땀이 나며 몸이 긴장하게 되는 상태를 Vasovagal Syncope 미주신경성 실신라고 부른다. 많은 실신의 종류 중 가장 흔하게 나타나는 유형이기도 하다. 이는 혈관의 확장과 심박출량이 조금씩 저하되면서 저혈압의 증상이 나타나고 뇌 혈류로 가는 피의 공급이 조금씩 저하되어 나타나는 반응이다.

간혹 간호사가 되려면 피를 잘 봐야 한다는 선입견이 있는데, 이것은 말 그대로 선입견일 뿐이다. 사람마다 자라온 환경이 다르고 각자가 가지고 있는 성향이 다르기 때문에 본인에게 맞는 부서가 따로 있기 마련이다.

그래서 우리 주변에 간호사를 어디에서 볼 수 있는지를 먼저 파악해보면 좋다. 일반적으로는 병원이라는 공간에서 가장 흔하게 볼 수 있으며, 병원 외에도 중소기업, 대기업 안에 보건관리자로도 활동하고 있고 항공간호사, 소방공무원, 교정직, 보험심사평가원, 국민건강보험공단 등 피를 보지 않고도 사무직으로도 일할 수 있는 분야가 정말 폭넓게 있다Part 1 中 '간호사의 종류는 어떻게 되나요?' 참고. 하지만 병원이 아닌 다른 곳에서 일하기 위해서는 간호학과 졸업 후 바로 취업할 수도 있지만 대부분 병원에서의 임상경력 2~3년 정도를 필요로 하고 또 그렇게 요구하기도 한다.

그렇다면 피를 잘 못 보는데 병원이라는 공간 안에서 과연 간호를 잘할 수 있을까? 병원을 예로 들어 그 안에서 행해지는 간호사의 업무를 한번 살펴보기로 하자. 병원 안에는 수많은 부서가 존재한다. 응급실, 수술실, 중환자실, 일반 병동, 내과, 외과, 외래 그리고 성인파트와 소아파트 등 세부적으로 나뉜다. 부서를 넓게 펼쳐본 뒤 각 부서의 특징을 잘 살펴보면서 본인의 성격과 가장 잘 맞는 곳을 선택하는 것이다.

만약 본인이 외국어 능력이 출중하다면 국제 진료과에서 외국인 환자들을 상대할 수 있으며 아이를 좋아한다고 하면 어린이병원에서 근무할 수 있다. 보통 병원에 들어가면서 가장 먼저 보는 간호사는 외래 간호사이다. 내과 및 외과의 외래 부서를 담당하면서 진료를 보기 위해 방문한 이들을 대응하는 역할을 주로 하되, 치료 및 처치가 필요한 간호는 최소한으로 하므로 여러 가능성을 열어두고 준비하는 것을 추천한다.

Q8
간호학과도 교직 이수를
할 수 있나요?

간호학과에서 교직 이수를 한다는 것은 간호사 면허증을 취득한 후 국공립학교에서 보건교사로 일할 수 있는 조건을 먼저 만들 수 있다는 것이다.

초, 중, 고등학교 시절 보건실에서 보건교사 선생님을 한 번쯤은 만나봤으리라 생각한다. 보건교사가 되는 것은 일반 사범대학교를 졸업하는 것이 아니라, 간호학과에서 교직 이수 과정을 이수하고 간호사 국가고시에 합격 후 간호사 면허증을 취득하면 자동으로 보건교사 2급 자격이 주어진다. 그래서 학교에서 근무하는 보건교사는 모두 간호학과를 졸업한 간호사이다.

그런데 간호학과에 재학한다고 해서 모두가 교직 이수를 할 수 없다. 교직 이수는 보통 1학년 성적 우수자들을 대상으로 2학년부터 교직 이수 수업을 별도로 들을 수 있다. 그 비율은 보통 10~15%라고 생각하면 되고 상위 10% 정도의 우수한 성적으로 1학년을 마쳐야 교직 이수의 기회를 얻을 수 있다는 말이다.

그렇다고 성적이 우수하다고 모두가 교직 이수 수업을 듣는 것은 아니다. 왜냐하면 간호학과는 수업과 실습이 일반학과 보다 더 많다. 그런데 교직 이수를 하기 위해서는 기본적으로 이수해야 하는 과목과 실습에 더해 교직 이수만의 과목과 실습이 더 추가된다. 그래서 원래부터 보건교사는 아예 관심이 없었던 학생은 과감하게 교직 이수를 포기하고 기존 과목과 실습에 더 집중해 성적을 관리하는 학생도 있다.

교직 이수를 하게 된다면 기본 간호학과에서 이수하는 140학점 수업에 더해 교직 관련 수업 22학점 이상의 과목을 이수해야 하고 기본 실습 1,000시간에 더해 4주간의 교생실습과 60시간 이상의 교육 관련 봉사활동을 해야 한다.

시험 기간에도 더 많은 시험을 본다. 일반 간호학과 학생들보다 교직 이수에 필요한 2~3과목을 더 공부해야 하니 시험 기간에 더 많은 양의 과목을 공부해야 한다. 이 모든 과정을 감수해야만 나중에 보건교사로 향할 수 있는 길에서 빛을 발할 수 있다.

결론적으로 간호학과에서 교직 이수를 한다는 것은 자신의 적성을 잘 살펴야 하고 여러 상황을 고려하여 스스로 잘 선택해야 한다. 누구는 되고 싶어도 성적이 맞지 않아 지원조차 할 수 없을 테고 누군가는 성적이 우수하여 행복한 고민을 할 수도 있을 것이다.

훗날 임용고시를 준비하기도 쉽지만은 않은 길이다. 간호학과를 졸업하고 국공립학교 보건교사가 되기 위해서는 임용고시에 합격해야 하는데 보건교사 임용시험의 지원 자격은 간호사 면허증, 보건교사 자격증 그리고 한국사능력검정시험 3급 이상이 필요하다.

임용고시는 1차 시험, 2차 면접을 보게 된다. 1차 시험에서는 보통 1.5배수를 선발하고 전공 간호학 서답형80점과 교육학 논술형20점으로 시험을 치른다. 2차 면접은 1차 합격자에 한하여 진행하고 교직 적성 심층 면접과 학습지도안 작성, 수업 시연 등으로 이루어지고 최종적으로는 1차와 2차의 점수를 합산하여 보건교사 최종 합격을 결정한다.

한 번 지나간 기회는 다시 잡을 수 없다. 고생하더라도 학생 때 더 공부해서 교직 이수를 할지, 아니면 과감히 교직 이수를 포기하고 간호사의 다양한 직업군으로 도전할지 그 선택은 결국 자기 몫이다.

Q9
대학을 다니면서
어떤 활동을 하는 게 좋을까요?

'대학 생활은 황금시간이다.'

이 문구는 실제로 내가 대학교 총학생회를 할 당시에 사용했던 슬로건이다. 지금 생각해도 어떤 일을 할 때 책임질 수만 있다면 대학생만큼 자유로운 영혼이던 시절은 인생에 없었던 것 같다. 그만큼 대학생의 시간은 대학 생활을 즐기기에 정말 재밌는 시간이고 또 그 시간을 잘 활용하여 자신의 역량을 기를 수 있는 시기이기도 하다.

그렇다면 황금시간인 대학 생활은 어떤 활동을 하면 좋을까? 교내에서 동아리 활동도 좋지만, 간호학과 학생들뿐만이 아니라 다른 대학교, 다른 학과의 학생들과도 어울릴 수 있는 대외활동을 많이 해보는 것을 추천한다. 요즘에는 대기업에서 주최하는 대외활동이 정말 많다. 특히나 봉사활동 시간도 함께 인정해주는 활동이 있다면 더더욱 좋다.

간호학과를 졸업할 때 졸업 요건으로 봉사활동 시간이 필요하다. 그리고 병원 취업 시에도 봉사활동 경력이 많다면 가산점을 주는 곳도 있기 때문에 대외활동도 하고 사람도 만나면서 봉사활동을 함께 할 수 있다면 따로 시간을 내서 봉사 시간을 채우지 않아도 저절로 봉사 시간이 쌓이게 될 것이다.

나는 대학 생활을 하면서 35가지 이상의 대외활동을 경험했다. 영화제 봉사활동부터 기자단, 기획단, 서포터즈, 국토대장정, 경제 교육 선생님 활동 등 간호학과에서는 흔히 할 수 없는 분야들을 경험하고 싶어서 대외활동을 통해 그 욕구를 풀었다. 무엇보다도 해외 봉사활동을 보내주는 대외활동이 있었는데 덕분에 전액 후원을 받아 인도와 미얀마에 다녀올 수 있었다.

그렇게 모든 활동을 마치고 졸업하니 봉사 시간으로 650시간이 채워져 있었다. 간혹 바쁜 학과 생활에 대외활동까지 하면 성적이 떨어질 것이라 걱정하는 학생들도 있는데, 그것은 자기 하기 나름이다. 나도 여러 활동을 겸하면서 학과 공부를 했는데 공부할 수 있는 시간은 충분하다.

대개 대학교의 중간, 기말고사 기간은 비슷해 그 기간에는 다들 시간 조율을 해가면서 대외활동을 한다. 여러 활동 중 간호학과 학생들이 하면 좋은 대외활동 몇 가지를 소개해 본다.

간호학과 학생에게 추천하는 대외활동

1 현대자동차그룹 글로벌청년봉사단
2 한국메이크어위시재단 위시엔젤
3 보건복지부 금연, 금주 서포터즈
4 그 외 대기업에서 행하는 봉사활동 서포터즈

간호학과에서 3학년에는 실습을 많이 나가고 4학년에는 취업을 준비하기 때문에 나름 시간적 여유가 있는 1, 2학년에 많은 대외활동을 하면서 다양한 경험을 쌓고 그 안에서 인맥도 만들어가며 재밌는 대학 생활을 하기를 바란다.

간호사로서의
취업

"누구에게나 자기 병원이 있기 마련이다."

간호학과 선배들이 입버릇처럼 하던 말이다. 나는 이 말이 싫
었다. 선배들은 이미 취업한 상태니까 본인들이 합격한 병원
이 곧 자기 병원이라고 믿고 싶은 게 아닐까 생각했다. 간호
학과는 4학년에 미리 병원에 취업하고 간호사 국가고시에 합
격하면 졸업 후 병원에 입사하는 구조이다. 그래서 본인이 원
하는 병원에 취업하기 위해서는 대학 생활을 하는 동안 전략
적인 방법으로 학교에 다녀야 한다.

그렇다면 간호학과에서 어떤 전략을 펼치면서 다닐 수 있을
까? 이 전략은 간단하다. 내 동기들도 아니고 다른 학교의 간
호학과 학생들도 아닌 오직 '나만의 스토리'를 만들어 나가
면 된다. 나만의 스토리는 곧 경험에서 나온다. 내가 얼마만
큼 부지런하게 움직이고 여러 사람을 만나며 그 안에서 무엇
을 배웠는지가 곧 나만이 가질 수 있는 경쟁력이자 힘이다.

학교 성적도 유지하면서 만나고 싶은 사람을 만나고 좋아하
는 일을 할 수 있는 것. 이 3박자가 모두 맞는다면 충분히 자

기만의 스토리를 유연하게 그려 나갈 수 있다. 일단 대학생으로서 본인이 할 수 있는 일들을 스스로 찾아가는 과정이 중요하다.

요즘에는 정보가 홍수처럼 쏟아지는 시대이다. 하루에도 새로운 정보들이 넘쳐나는 가운데 자신이 원하는 정보만 얻는 것은 곧 본인이 어느 곳에 관심을 가졌는지에 대하여 달려있다. 만약 자신이 대외활동에 관심이 있다면 대외활동을 소개해주는 홈페이지에 자주 들어갈 것이며 봉사활동에 관심이 있다면 주기적으로 봉사활동을 하는 곳의 정보를 많이 들여다볼 것이다.

중요한 것은 부지런히 움직여야 한다는 것이다. 기회도 준비된 자만이 잡을 수 있다. 그저 봄은 따뜻하고 여름에는 덥고 가을은 추우며 겨울은 잠자기 딱 좋은 계절이라고만 멍하니 생각하다 정신 차려보면 4학년 1학기에 접어들어 있으며 곧 병원 취업 공고문 앞에서 작아져 있는 자신의 모습과 대면할 것이다.

반대로 좋은 인재를 채용하고 싶어 하는 병원의 입장에서는 어떤 인재상을 원할까? 당연히 성적이 우수하고 총명하며 매사에 적극적으로 임하는 사람을 원할 것이다. 이 문장에서 과연 자신이 적합한 인재상이라고 생각되는 단어가 몇 개나 들어가 있을까?

하지만 저 문장이 답이 될 수는 없다. 사람마다 성격이 모두 다르며 추구하는 관심사가 다르기 때문에 병원에서는 다양한 인재상을 고루 뽑는 것이다. 그 인재상에 가까이 다가가기 위해서는 자신만이 할 수 있는 스토리를 풀어낼 수 있어야 한다.

대학생의 경험에는 소중하지 않은 것이 없으며 여러 경험이 모여 곧 자신을 나타낼 수 있게 된다. 축구를 좋아해서 매주 주말 축구를 한다고 하면, 그 축구의 경험 안에서도 '협동심' 과 '팀워크'라는 좋은 스토리로 풀어낼 수 있을 것이며 자신의 건강을 가장 중요시하는 사람임을 부각할 수 있다. 혹은 편의점 아르바이트를 한다고 하더라도 그 아르바이트 경험에서 경제적인 부분과 연계시킬 수 있을 것이며 사회생활의 기초를 닦을 수 있었던 경험으로 승화시킬 수도 있다.

이렇듯 간호사로 취업한다는 것은 성적, 어학 점수, 자기소개서 그리고 면접으로 다가가는 딱딱한 길이 아니라 나만이 쓸 수 있고 나만이 말할 수 있는, 나라는 존재를 브랜드화할 수 있는 사람으로 준비하여 차근차근 걸어가는 것이다.

커다란 느티나무가 하루아침에 자라지 않듯이 여유를 가지고 나의 뿌리를 깊고 넓게 뻗어 나가자. 나에게 주어지는 햇빛과 충분한 수분을 거름 삼아 더 높은 곳으로 성장하되, 때로는 강풍도 맞아가며 아픔을 통해서도 강하게 성장할 수 있는 유연한 태도를 지니는 것이다.

그렇게 나만의 느티나무를 만들어 누군가가 내가 만들어 놓

은 그늘 안에서 쉴 수 있는 순간이 온다면 그 순간은 곧 나의
간호를 받아 건강하게 퇴원하는 환자의 모습이 될 것이다.

Q1
간호사가 되려면
국가고시는 필수인가요?

간호사가 되기 위해서는 국가고시를 치러야 하는데, 간호학과에 입학하여 소정의 이론 수업과 실습 시간을 이수해야만 국가고시에 응시할 수 있다. 간호학과를 졸업하였다 하더라도 국가고시에서 떨어지면 간호사 면허증을 취득할 수 없기 때문에 간호사로 일하는 것은 불가능하다.

병원에서 일하는 간호사나 보건소에서 일하는 간호사, 공단이나 보험심사평가원, 소방공무원, 보건교사 등 다양한 분야에서 일하기 위한 선제조건은 간호사 면허증이 있느냐 없느냐로 나뉜다. 그렇다면 간호사 국가고시는 어떤 과목을 시험 보며 또 시험시간은 어떻게 되는지 알아보자.

최근 5년간 간호사 국가시험 합격률 추이 및 시험과목

회차	응시자 수(명)	합격자 수(명)	합격률(%)
2021년(제61회)	22,933	21,741	94.8
2020년(제60회)	22,432	21,582	96.2
2019년(제59회)	21,391	20,615	96.4
2018년(제58회)	20,731	19,927	96.1
2017년(제57회)	20,196	19,473	96.4

시험직종 (총점)	교시	시험과목 (문제 수)	응시자 입장 완료시간	시험시간	배점 (1문항당)
간호사 (295점)	1	1. 성인간호학(70)	8:30	9:00~10:35 (95분)	1점
		2. 모성간호학(35)			
	2	1. 아동간호학(35)	10:55	11:05~12:40 (95분)	
		2. 지역사회간호학(35)			
		3. 정신간호학(35)			
		점심시간	12:40~13:40(60분)		
	3	1. 간호관리학(35)	13:40	13:50~15:10 (80분)	1점
		2. 기본간호학(30)			
		3. 보건의약관계법규(20)			

출처: 한국 보건의료인 국가시험

간호사 국가고시는 총 295문제가 출제되며 295점 만점으로 과락과 평락 제도로 이루어져 있다. 과락이란 전체 8과목 중 한 과목이라도 정답률이 40% 미만인 경우이며, 평락이란 전체 8과목 총점의 평균이 60% 미만일 경우이다. 전체 총점 평균 60% 미만은 295점 중 177점에 미치지 못한다는 말로 불합격이다. 그래서 간호사 국가고시는 어느 한 과목만 잘하기보다는 여러 과목을 골고루 공부하여 과락과 평락에 해당하지 않도록 적절한 시험 대비를 해야 한다. 시험은 보통 4학년 전 과정을 마치고 1월 중순에 보게 된다.

간호사의 채용과정은
어떻게 되나요?

간호사가 되기 위해서는 최소한의 자격요건이 필요하다. 기본적으로 간호사 면허증을 소지해야 한다. 그리고 마약, 대마, 향정신성의약품 중독자 등 법으로 정한 금고 이상의 형을 선고받거나 그 형의 집행이 종료되지 않은 자는 간호사 국가고시조차 지원할 수 없기 때문에 당연히 간호사 채용에도 제약을 받는다.

간호학과를 졸업하고 병원을 지원하는 경우에는 보통 간호학과 4학년에 취업을 준비하게 된다. 취업을 준비한다는 것은 4학년 도중에 병원 채용이 진행된다는 것이다. 그래서 학기 중에 서류 및 면접을 준비해서 병원 합격을 미리 한 상태에서 간호사 국가고시를 준비하게 된다. 병원에 합격했다 하더라도 국가고시에서 불합격하게 된다면 병원에도 취업할 수 없게 된다. 간호사의 전반적인 채용과정은 다음과 같다.

1. 서류전형

Big5 병원이 가장 먼저 채용을 시작한다. 보통 4~5월 중 서류전형 모집 공고가 올라오는데 서류에서는 학업성적 및 영어성적을 가장 중요하게 보며 이 외에 대외활동과 사회 봉사활동 시간 등 부수적인 내용을 추가로 요구한다. 영어성적은 병원마다 기준이 다르기 때문에 작년 채용 공고를 미리 확인하여 기준 점수가 어느 정도인지 파악해야 하며 점수는 높을수록 좋다.

병원 입사 지원 시 보통 지도 교수님의 추천서를 요구한다. 모든 병원에 공통된 사항은 아니지만, 대부분의 대학병원에서는 모두 추천서를 받아야 한다고 생각하면 된다. 그래서 4학년 지도 교수님과의 관계를 잘 유지하는 것도 중요하다.

2. 직무 적합성 평가

보통 1차 면접 시 직무 적합성 평가를 먼저 본 후에 이어서 면접을 보게 된다. 이 평가에서는 과연 이 사람이 간호사로서 일할 수 있는 능력과 자질이 있는지에 대한 기본적인 평가를 하는 것이며 복잡하거나 난해한 문제가 나오진 않는다. 개인의 성향이나 사회성에 대한 질문에 답하는 방식으로 OMR 답안지에 작성하게 되며 보통 30분~1시간 정도 소요된다.

3. 1차, 2차 면접

서류전형에서 합격한 사람을 대상으로 시행하며 1차, 2차 면접에는 간호팀장 및 수석부장, 부원장 그리고 실무진, 경영진 등이 면접관으로 참여한다. 보통 면접관은 3~5명에 1팀당 5명 정도의 지원자들을 대상으로 평가한다.

면접은 30초~1분 자기소개로 시작하게 되며 간호에 대한 기본적인 질문을 통하여 진행된다. 공통질문과 개별질문을 받게 되며, 개별질문은 자기소개서를 바탕으로 하기 때문에 면접 전 자기소개서를 반드시 숙지하고 들어가야 한다.

4. 건강검진

건강검진을 받는다는 것은 거의 최종 합격을 했다고 봐도 무관하다. 건강검진은 본인이 병원에 일하면서 환자들을 온전하게 간호할 수 있는지에 대한 신체 건강을 측정하는 것으로 기본적인 신체 계측과 X-ray 촬영, 혈압, 소변, 혈액검사를 하게 된다.

이 모든 과정을 마치고 나면 병원에서 간호사로 일하게 된다. 하지만 최종 합격을 하더라도 대학 졸업 후 바로 일하는 것은 아니다. 병원에는 'Waiting'이라는 기간이 존재하는데, 병원에서 간호 인력이 필요할 때 달마다 채용 인원을 나눠서 부르게 된다. 그래서 졸업 후 2월에 바로 일하는 사람이 있는가 하면 10월이 지나서 일하는 사람이 있다. 보통 부르는 기준은 서류전형 및 면접 최종 점수에 대한 성적순이라고 하는데 그 기준은 아무도 알 수 없다.

Q3
병원 면접은
어떻게 준비하나요?

우리는 간호학과라는 장점을 최대한 활용하여 면접을 준비해야 한다. 간호학과의 장점이란 무엇일까? 먼저 1학년에 입학하면 우리의 길이 정해져 있다는 것이다. 간호학과라는 하나의 우물만 팔 수 있는 점이 전문직의 힘이자 가장 큰 장점이다.

다른 전공의 학과들은 본인이 어느 곳에 취업할지, 학년별로 무엇을 준비해야 할지 명확하게 정해져 있지 않고 두루뭉술하게 학과의 커리큘럼에 따라서 대학 생활을 하는 경우가 많다. 하지만 간호학과는 일단 간호사가 된다는 보장이 있기 때문에 하나의 길을 집중적으로 걸어나갈 수 있다. 그래서 그 길 위에 우리가 할 수 있는 것들에 대해서는 적극적으로 달려들어 자신의 커리어를 스스로 높일 수 있어야 한다. 지금부터 필승 면접 Step 1, 2, 3에 대하여 알아보자.

Step 1. 답은 교과서 밖에 있다

면접은 이론만 공부해서는 절대 늘 수 없다. 기본 간호학과에서 배우는 수준의 간호이론 지식이 필요하기는 하지만 면접에 있어서 가장 중요한 것은 자신감이다. 그래서 자신감을 찾기 위해 우리는 교과서를 덮고 밖으로 나가야 한다. 여기서 밖이란 동아리, 학생회 그리고 대외활동 등 여러 사람과 만나서 무엇인가를 할 수 있는 활동을 말한다 Part 2 中 '대학을 다니면서 어떤 활동을 하는 게 좋을까요?' 참고.

특히나 자기소개서와 면접을 보는 활동이라면 더욱 좋다. 가장 추천하는 활동으로는 대기업에서 후원하는 대외활동이다. 실제로 많이 활용할 수 있는 활동에는 현대자동차그룹에서 후원하는 글로벌 청년봉사단이 있다. 자소서와 면접만 합격한다면 우리의 돈을 들이지 않고 공짜로 해외 봉사활동을 다녀올 수 있다.

하지만 아무나 할 수 없다. 오직 대학생만 할 수 있다. 거창하게 취업하는 것도 아니고 조그마한 관심만 있다면 누구나 자신의 전공을 충분히 살려서 많은 활동을 할 수 있다. 이렇게 대외적으로 면접을 미리 경험해 보는 것은 정말 좋은 방법이다. 100번의 말보다 1번의 행동이 더 값질 수 있다.

Step 2. 일상을 면접처럼

앞서 말한 바와 같이 면접에서 가장 중요한 것은 자신감이다. 아무리 소극적인 사람이라도 면접관 앞에서는 포커페이스를 내보이며 나를 어필할 수 있어야 한다. 하지만 말처럼 쉽지 않은 게 당연하다. 그러므로 우리는 일상을 면접처럼 적용해 볼 수 있는, 일종의 상황극을 연출해서 연습할 수 있다.

나만의 자존감을 높이는 방법은 일상생활 속 목소리를 높이는 것이다. 대중교통을 타면서 기사님에게 크게 "안녕하세요!"라고 말하는 것부터 시작하여 발표 활동이나 여러 사람 앞에서 말을 하는 순간에 적극적으로 손을 들고 내가 해보겠다며 나서보자.

그리고 면접을 앞두고서는 동기들과 스터디 그룹을 만들어 직접 질문하고 답변하는 시뮬레이션을 해본다면 정말 도움이 많이 된다. 나도 몰랐던 나의 습관들을 동기들이 알려줄 것이다. 이렇듯 나를 향해있는 시선들을 이겨낼 수 있다면 그다음 우리의 목표는 면접관의 눈빛이다.

Step 3. 자기소개서를 통해 면접을 준비하자

보통 한 명이 실제 면접에서 받는 질문은 2~4개이다. 공통질문 1~2개 그리고 개별질문 1~2개 정도로 우리의 인성이 판단되고 최종 합격 여부가 갈리게 된다. 그렇다면 면접 질문에는 무엇이 나올지 먼저 예상해 보는 시나리오가 필요하다. 일명 이미지 트레이닝을 하는 것이다.

공통질문은 먼저 그 병원과 관련된 특색있는 정보 또는 기본 인성질문이 많이 나온다. 그리고 개별질문으로는 100이면 100 내가 작성했던 자기소개서 내용을 통해서 나온다. 우리가 주목해야 할 점은 바로 개별질문이다. 공통질문은 내 옆, 그리고 대기실에 있는 수백 명의 경쟁자에게 공통으로 주어지는 질문이다. 면접관의 인상에 깊게 남고 그들의 머리에 잔상으로 떠돌 수 있는 대답은 바로 개별질문에서 나온다.

먼저 자기소개서에서 썼던 내용을 사실적으로 말하고, 그 경험을 통해서 내가 성장한 점, 그리고 이 병원에 적용할 수 있는 태도에 대하여 자연스럽게 말한다면 100점 만점 중 100점에 가까운 점수를 받게 될 것이다.

면접이란 결코 짧은 시간에 완성될 수 없다. 어느 면접이든지 아쉬움은 남게 마련이지만 후회는 없어야 한다. 후회 없는 면접을 보기 위해서는 미리 준비할 수 있는 유연한 태도가 필요하다. 간혹 자신은 대학 생활을 하면서 학교 다니는 것 외에는 다른 활동들을 전혀 하지 못했던 사람도 있다. 그렇다고 면접은 포기할 수 없고, 포기해서도 안 된다.

남들보다 포장할 수 있는 이야기는 적을 수 있어도 내가 꾸준하게 다녔던 대학 생활을 다시 한번 생각해 보면서 가장 기본적인 자세를 통해 나를 어필하자. 근면 성실하게 빠짐없이 수업을 들었을 수도 있고, 조별 활동에서 나의 역할을 통해 성공적으로 과제를 끝냈을 수도 있다. 가장 기본적인 태도부터 되돌아본다면 분명 나를 나타낼 수 있는 면접을 볼 수 있을 것이다.

다시 말하지만, 면접에서 중요한 것은 자신감이다. 그 자신감은 일상에서부터 나온다는 것을 잊지 않도록 하자.

Q4

토익 등 외국어 점수가
꼭 필요한가요?

현대 의료의 발전은 점점 더 전문화되고 그 고도화의 속도 역시 날이 갈수록 빨라지고 있다. 불과 몇십 년 전만 하더라도 미국 등에서 선진 의료 기술을 배워오고, 한창 그 의료를 빠르게 우리나라로 들여오곤 했다.

하지만 지금은 상황이 다르다. 우리나라의 의료는 전 세계적으로도 으뜸가는 수준이며 이제는 외국에서 우리나라로 의료를 배우기 위해 들어오고 또 많은 환자들 역시 수술받기 위해 찾아오고 있다. 그래서 병원에는 회화 능력이 출중하다면 국제진료업무센터에서 일하는 간호사 선생님들도 많이 있다.

입사 전에는 병원에서 일하면서 왜 토익이 필요하고 외국어 능력을 중요하게 생각하는지 이해할 수 없었지만, 막상 임상 현장에서 일하면서 직접 외국인 환자들을 만나보니 병원 취업 시 외국어 점수를 왜 요구하는지에 대해서 조금은 이해할 수 있었다.

수술실에서는 외국인 환자와 간단한 의사소통을 할 수 있을 정도의 회화 능력이 있다면 일하기가 정말 수월하다. 하지만 아랍이나 러시아 등 너무 낯선 나라의 외국인이라면 병원에 통역사가 있기 마련이다. 통역사를 통해서도 외국인과 의사소통할 수 있다.

그렇다고 모든 병원에서 외국어 점수를 요구하는 것은 아니지만, 일명 상급종합병원이라 불리는 대학병원에서는 대부분 외국어 점수를 요구한다. 토익 700점 이상의 기준선이 있기도 하면서 입사 지원 시 토익 점수가 기준점에 넘지 못하면 서류에서 탈락하게 된다.

그렇다면 학과 공부도 하기 벅찬데 토익 공부는 언제 해야 할까? 가장 적절한 시기는 2학년 겨울방학부터 3학년 겨울방학까지이다. 보통 방학을 이용해서 단시간에 점수를 끌어 올린다고 생각하면 된다. 토익 점수의 유효기간이 2년이기 때문에 병원 취업을 하는 4학년, 졸업 후의 기간까지 생각한다면 방학 중 토익 학원 및 인터넷 강의를 통해서 공부하기를 바란다.

흔하게 공부하는 과목이 토익이지 꼭 토익만 공부해야 한다는 것은 아니다. 토플이나 오픽 등 외국어 능력을 평가할 수 있는 시험이라면 괜찮다. 하지만 본인이 지원하고자 하는 병원이 있다면 그 병원의 최근 3년간의 입사 공고문을 확인하여 어떤 외국어 시험을 인정해주는지에 대한 정보를 파악해 두는 것이 좋다.

Q5
공부를 잘해야
대학병원에 갈 수 있나요?

간호학과에서 공부를 잘한다고 대학병원에 갈 수 있는 것은 아니다. 병원에 입사하기 위해서는 서류전형과 면접을 거쳐야 하기 때문에 성적과 서류, 면접의 3박자가 모두 잘 맞아야 대학병원뿐만이 아니라 본인이 가고자 하는 병원에 취업할 수 있다.

우리나라에는 Big5 병원이라 불리는 병원들이 있다. 신촌세브란스병원, 서울아산병원, 서울대학교병원, 삼성서울병원, 서울성모병원이 그렇게 불리는데, 소위 간호학과 학생들이 가장 취업하고 싶은 병원들이다.

대체로 Big5 병원에 취업하는 간호학과 학생들의 성적을 본다면 대부분 상위 10%~20% 안에는 속해있다. Big5 병원은 모두 서울에 있으며, 중증도가 높은 환자들이 주로 입원하고 수술을 하기 때문에 실제로 취업을 하고 나서도 공부해야 할 의료 지식이 많다.

하지만 최근 블라인드 채용도 많이 이뤄지고 있다. 블라인드 채용은 채용과정에서 출신지, 학력, 성별 등 불합리한 차별을

야기할 수 있는 항목을 요구하지 않고 직무 능력 등 실무를 위주로 평가하여 인재를 채용하는 방식이다. 주로 국립 대학 병원에서 많이 시행하고 있다.

그리고 간호학과에서는 자대 병원이 있는 학교라면 조금 더 유리하게 자대 병원으로도 취업할 수 있다. 예를 들어 서울대학교는 서울대병원이 있고, 연세대학교는 세브란스병원이 있듯이 대학과 연계되어 대학병원이 있는 경우를 자대 병원이 있다고 말하고 있다.

그렇다고 자대생들이 100% 자대 병원에 취업하는 것은 아니다. 결국에는 학과 생활을 하면서 얼마나 본인이 성실하게 학점 관리를 하고 취업 준비를 하느냐에 따라서 병원이 달라질 것이다.

취업 시 가산점이 되는
자격증이 있나요?

병원 취업 시 가산점이 되는 자격증은 실제 업무에 적용할 수 있는 자격증이다. 간호사는 병원이라는 특수한 곳에서 근무하기에 일반 회사와는 다르게 접근할 필요가 있다.

병원에서 간호사의 역할은 아픈 환자들을 간호하는 것이다. 그 간호를 수행하면서 필요한 자격증이 무엇이 있을지를 생각해 본다면 생각보다 쉽게 취득해야 할 자격증들이 눈에 들어온다.

1. BLS(Basic Life Support) / ACLS(Advanced Cardio-vascular Life Support)

'BLS'는 심장정지 환자 및 기도 폐쇄와 같은 심장정지 의심 상황 발생 시 응급처치를 할 수 있는 심폐소생술을 배우는 자격증이다. 가슴 압박 및 자동제세동기 작동에 대한 필요한 지식을 배우는 자격증이기 때문에 간호학과에서는 가장 1순위로 추천하고 또 취득해야 할 자격증이다.

BLS가 심폐소생술에 대한 가장 기본적인 내용을 배운다면 'ACLS'는 BLS 교육을 기반으로 해서 전문심장소생술을 배우는 과정이다.

2. 컴퓨터활용능력 자격증

컴퓨터활용능력은 BLS만큼 병원에서 유용하게 쓰이는 자격증이다. 병원뿐만이 아니라 모든 회사에서는 컴퓨터를 기본적으로 사용하기 때문에 굳이 병원 취업만을 목적에 두지 않고서라도 컴퓨터활용능력 자격증을 취득한다면 실용성 있게 쓸 수 있다. 컴퓨터활용능력 자격증에는 종류가 정말 다양하다. 현재 자신의 시간적 여유와 사정에 따라 선택적으로 취득하면 된다.

3. 병원 코디네이터 자격증

병원에서 고객 상담, 접수, 수납 및 예약관리 등 전반적인 환자 관리 업무를 담당하는 의료 서비스 자격증이다. 병원 코디네이터 외에도 노인심리상담사, 아동심리상담사 등 비교적 손쉽게 취득할 수 있는 자격증들이 있다. 하지만 사단법인에서 진행하고 간혹 병원에서 국가 자격증 외에는 인정하지 않는 곳도 있으니 선택적으로 취득할 자격증이다.

보통 병원 취업 시 자기소개서에 자격증을 적는 공간이 3~5개 정도가 되기 때문에 다다익선이라고 생각해 무작정 취득하기보다는 병원에서 실용성 있는 자격증들을 위주로 취득하도록 하자. 쓸모없는 5개의 자격증보다 쓸모가 있는 자격증 1개가 더 빛을 발하는 법이다.

그리고 자격증은 학교마다 교육역량 강화사업이라고 하여 교육부에서 재정적 지원을 받는 경우도 정말 많다. 굳이 본인의 돈을 들이지 않고도 학교에서 지원해 주는 자격증들을 최대한 찾아보고 방학 시간을 이용해서 취득하는 것을 가장 추천한다.

3 간호사로
거듭나기

'나는 어떤 간호사가 되어야겠다' 혹은 '내가 원하는 병원에 취업하게 된다면 그 병원에 뼈를 묻겠다' 등 많은 간호학과 학생들은 지금 취업이 보장되어 있지 않기에, 막연하게 어떤 간호사로 거듭나야겠다는 생각에 사로잡혀 내가 가고 싶은 병원에 입사만 한다면 무엇이든지 할 수 있을 각오와 패기 넘치는 열정에 충만하게 된다.

물론 처음 가졌던 이 마음만 잘 간직한다면 병원에서 간호사로 일하면서 정말 큰 힘이 되고 그 누구보다도 열정을 가지고 일을 할 텐데 사람은 적응의 동물이며 그 마음도 곧 무뎌지기 마련이기에 언제나 초심을 생각한다는 건 정말 어려운 일이다. 그래도 간호사가 되기 위해 초, 중, 고등학교 12년의 공부와 간호대학에서 4년의 공부를 마치고 첫 취업의 순간을 맞이하게 될 텐데 언제나 합격의 순간은 짜릿하게 잊히지 않는 기억이다.

나는 간호학과에서 병원 취업을 준비할 때 한가지의 기준을 세웠다. 내가 가고 싶어 하는 병원이 있다면 왜 그 병원에 가고 싶은지에 대한 이유를 스스로 생각했고, 기준이 세워졌다면 직접 그 병원에 방문해서 분위기를 느껴보았다.

평생직장이 될 수도 있는 나의 직장에 미리 가본다는 것은 가슴 설레는 일이며 나의 마음가짐을 다잡기에도 정말 좋은 방법이다. 마치 고등학교 시절 가보고 싶은 대학교 캠퍼스를 미리 가보면서 그 분위기를 느껴보는 것과 마찬가지다.

이렇게 나의 기준이 명확해진다면 병원 취업 시 필요한 교수 추천서를 받을 때도 더욱 수월하게 부탁드릴 수 있다. 막연하게 추천서를 부탁드리기보다 내가 꼭 그 병원에 입사해야 하는 이유를 함께 설명하면서 부탁드린다면 교수님 입장에서도 더욱 신뢰하고 더 써주고 싶은 마음이 절로 들 것이다.

인생이 내가 원하는 대로 이루어진다면 그 또한 무료할 것이다. 정말 내가 원했던 병원에 지원하더라도 떨어질 수 있는 법이고, 그 탈락의 고비를 발판 삼아 또 다른 병원 취업을 준비하는데 박차를 가하면 그만이다.

세상에는 병원은 많고 그만큼 내가 입사할 수 있는 병원도 많다. 처음 면접을 준비하는 과정은 떨리고 힘들 수 있겠지만, 이 경험이 곧 스스로 성장할 좋은 기회가 되기 때문에 모든 순간의 선택에 집중해야 할 이유가 충분히 있다.

이렇게 준비하여 최종 합격의 기분을 느끼고 처음 출근하는 날의 분위기를 만끽해보자. 언제나 처음 출근하는 날은 기억에 영원히 남는다. 저 멀리서 첫 출근을 위해 천천히 걸어가며 내가 원했던 병원이 점점 나와 가까워지는 순간에는 마치 학창 시절 100m 계주 경기 출발선에서 달리기 직전의 떨리는 심장을 느낄 수 있다.

나는 간호사의 끝 모습은 병원에서 환자를 간호하는 모습이라고만 생각하지 않는다. 기본적으로 환자를 간호하는 스킬을 배우고 간호사로서의 모습을 만들어 나가는 과정도 분명히 필요하지만 중요한 것은 지금 있는 자리가 끝이 아니라 지속해서 발전할 수 있는 모습으로 성장해야 한다.

그 모습이 전문적인 임상 간호사의 모습일 수도 있고, 교직에 있을 수도 있으며 혹은 기업에서 간호직 업무를 수행할 수도 있다. 때로는 본인이 창업하여 사업가로서 일할 수 있다. 그래서 우리 간호사는 그 무엇이든지 될 수 있는 직업이다.

현재에 머무르지 않고 과거에 집착하지 않으며 더 나은 미래를 바라볼 수 있는 안목을 기르는 것. 이렇게 성장해 나가는 모습이 진정한 전문직 간호사의 모습이 아닐까?

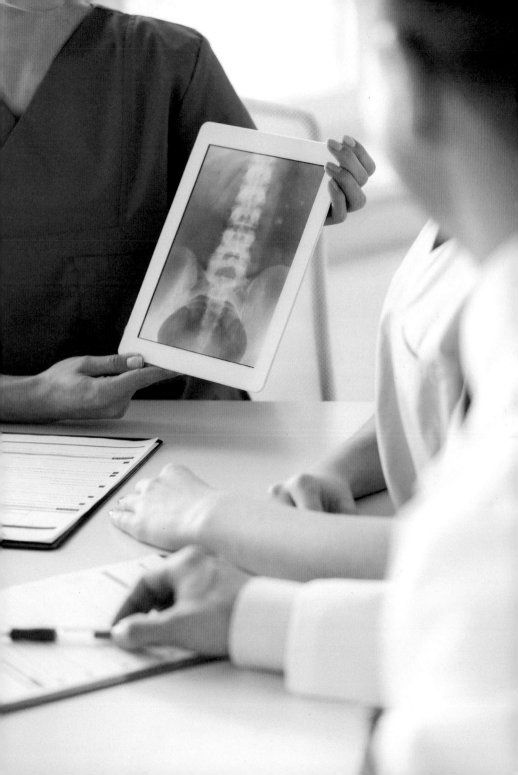

Q1
입사 후 가장 먼저 하는 일은
무엇인가요?

대학병원을 기준으로 말해보자면 입사 후 가장 먼저 하는 일은 '신규간호사 공통교육'이다. 간호사는 의사와 같이 외과, 내과 등 전공별로 나눠서 일하는 것이 아닌 모든 과의 환자들을 간호하는 일을 한다.

그래서 어떤 환자를 간호하든지 그 환자를 온전하게 케어할 수 있도록 하는 간호 입문 교육을 다시 받는다. 대학교 4학년 동안에 성인, 소아, 노인 할 것 없이 모든 대상자에 대해 공부를 하고 국가고시도 합격했는데 왜 더 교육받아야 하는지 의문일 수도 있다.

물론 간호학과에서는 교과서에 준하여 공통된 학문을 공부하지만, 막상 임상에 나와 보면 병원마다 환자를 간호하면서 쓰는 의료 기구도 다르며 또 간호 술기에 대한 접근법도 세부적으로 들어가면 다르게 적용하는 경우도 있다. 같은 병원이지만, 병원마다 어떤 곳 EMR Electronic Medical Record 이라고 하여 전자의무기록을 하는 프로그램으로 간호기록을 하는 곳이 있는가 하면 많지는 않지만, 여전히 수기로 간호기록을 하는 곳도 있다. 그래서 공통된 배경지식을 바탕으로 하여 병원마다 스스로 정해놓은 서로 간의 '약속'을 미리 공통교육에서 배운 후 부서배치를 받고 일을 시작하게 된다.

신규간호사 공통교육은 보통 달마다 이뤄지는데 그 달에 함께 교육을 듣는 동기들이 입사 동기이다. 하지만 후에 부서배치는 모두 같은 곳으로 배정받을 순 없어서 입사 동기, 부서배치 동기가 따로 생기기도 한다.

공통교육의 주 내용은 병원 내규, 간호이론 및 술기 그리고 의학 용어와 약물 시험 등 필수적으로 필요한 기본 지식을 교육받는다. 그리고 대학 졸업 이후 끝이라 생각했던 시험을 여기서 다시 마주치게 된다. 이 평가 시험이 곧 부서배치의 기준점으로 이어지기 때문에 결코 무시할 수 없는 시험이다.

Q2
부서배치는
어떻게 이뤄지나요?

자신이 원하는 부서에서 일할 수 있다는 보장이 있다면 얼마나 좋을까? 대학교도 중요하지만, 그 안에서 어떤 교과목을 전공하느냐에 따라서 자신의 앞날이 달라지는 것과 같이 병원에서도 마찬가지다. 병원도 중요하지만, 그 안에서 어떤 부서를 가느냐에 따라서 간호의 청사진이 그려지게 된다.

간호사 면허증을 취득하고 첫 발걸음을 떼는 길 위에서 누구나 꽃길만 걷고 싶겠지만 야속하게도 우리 앞에는 꽃길만 펼쳐질 수는 없다. 다르게 생각해 보면 아픈 환자들을 골라서 받을 수도 없는 법이니, 부서배치도 어떻게 보면 운명에 맡길 수밖에 없다.

하지만 그 운명의 선택도 자신의 성향과 비추어 최선의 선택을 할 수 있도록 준비할 수는 있다. 일단 앞에서 말한 바와 같이 부서배치는 처음 병원에 들어와 신규간호사 공통교육을 모두 마친 후 마지막 날에 정해지곤 한다. 부서배치를 발표하기 전 간호부에서는 미리 개개인에게 1지망, 2지망 그리고 기피 부서 등을 적는 기회를 준다. 여기에서 신중하게 잘 생각하고 작성해야 한다. 간호부에서도 웬만하면 1지망으로 원하

는 곳으로 배치해 주려고 하지만 만약 본인이 원하는 부서의
TO가 없다면 들어가지 못할 수도 있다.

그래서 부서배치에는 어느 정도 '운'도 따라줘야 한다. 부서
마다 충원할 수 있는 인원이 한정되어 있어 공통교육 시험에
서 우수한 성적을 거두었다 하더라도 부서 TO가 나지 않는
다면 들어갈 수 없다. 내가 입사하는 그 시기에 TO가 있어야
병원도 좋고 본인도 좋은 상황이 연출될 수 있다. 그래서 1지
망이 안 되었을 경우 차선책으로 선택할 수 있는 2지망까지
도 고려해서 지원해야 한다.

간호사로서 부서 및 분야는 스스로 정하나요?

부서를 선택하는 데 있어서 고려해야 할 점은 자기 자신의 성향 파악이다. 본인은 성인, 아동 중 어느 환자를 더 잘 간호할 수 있을지, 중환자실처럼 중증도 높은 환자를 중점적으로 간호할지, 응급실처럼 긴박한 상황에 잘 대처할 수 있을지, 수술실처럼 피를 잘 볼 수 있고, 1명의 환자를 수술하되 여러 수술기구를 섬세하게 관리할 수 있을지 등 다방면으로 고려하여 부서를 자신에게 맞춰보는 것이 부서 탐색에 좋은 방법이 될 것이다.

간호사로서의 분야라고 하면 병원에서 일하는 임상 외에도 학교나 회사, 공무원 등 많은 분야로 갈 수 있는 길일 것이다. 그 길 위에서 선택은 결국 본인의 몫이고 그 선택에 후회가 없도록 해야 하는 책임감이 따른다. 하지만 다양한 분야로 가기 전, 개인적으로 추천해주고 싶은 것은 병원 임상에서 1~2년 정도는 환자들 옆에서 스스로 주도적인 간호를 해보는 것이다. 처음 시작이 병원 임상이라면 훗날 나중에 다시 임상으로 돌아오더라도 첫 시작의 거름이 굳게 다져져 있어 큰 부담은 없을 것이다.

부서 선택 역시도 보통은 스스로 결정하게 되는데, 여기에서
는 자의 반 타의 반이 공존하게 된다. 타의 반이라 하면 간호
부에서의 발령을 말하는데, 병원에서 인력이 특히나 부족한
부서가 있다면 그곳을 먼저 충원해야 하기 때문에 본인의 의
사와는 다르게 발령받을 수 있다.

처음 내가 외과 전담간호사로 발령받았을 때도 타의 반으로
부서배치를 받았던 케이스였다. 내가 처음 원했던 부서는 중
환자실이었는데, 그 당시 외과 전담간호사 중 남자 간호사를
선호하고 또 인력이 필요했던 상황이라 나의 2번 거절에도
불구하고 결국 아무것도 모른 채 수술실로 들어가게 되었다.

하지만 본인이 원하지 않았던 부서에 배치받았다고 하더라도
결국 환자를 간호한다는 것은 변하지 않는다. 자신의 마음가
짐을 그렇게 받아들이고 간호사로 일하게 된다면 결국 나는
스스로 커리어를 높일 수 있는 간호사가 된다. 가장 중요한
것은 부서가 아니라 환자를 간호하면서 스스로 지녀야 할 신
념과 정신이다.

Q4
중간에 부서를
변경할 수도 있나요?

한번 간호사는 영원한 간호사다. 환자를 간호하는 것은 변함은 없지만, 간호사가 근무하는 부서는 충분히 바꿀 수 있다. 누구나 처음부터 시작하는 단계에서 내가 지원했던 부서가 맞을 수도 있고 안 맞을 수도 있다. 그래서 처음 선택이 중요하긴 하지만 그 부서가 본인과 맞지 않는다고 생각할 경우에는 부서 로테이션을 요청할 수 있다.

보통 부서 로테이션은 부서 파트장과 상담을 한 후 이뤄진다. 하지만 부서 로테이션이 말처럼 쉬운 것만은 아니다. 부서마다 정해진 수용 가능한 간호사 수가 있으며, 그 수로 부서가 운영되기 때문에 갑자기 1명이 빠지게 된다면 다른 동료 간호사가 본인의 일까지 더하게 된다. 그래서 나를 대체할 인력이 부서에 배정되면 인수인계가 이뤄지고 부서를 이동하게 된다.

이렇게 신규간호사의 부서 이동 예도 있지만, 요즘 추세는 1명의 간호사를 한 부서에 지속해서 유지하지는 않는다. 병원마다 정책이 다르지만 어떤 병원은 간호 인력을 주기적으로 일부러 여러 부서로 로테이션시키면서 부서의 분위기도 바꾸고, 간호사의 폭넓은 역량을 키우려 하는 곳도 있다.

하지만 간호사의 입장에서 본다면 한 부서에서 적응했기에
큰 문제가 없다면 지속해서 그 부서에 머무르고 싶은 생각이
대부분이다. 수술실과 같이 병동과는 다르게 특수파트로 일
하는 부서의 경우에는 특히나 더 그렇다. 병동과 특수파트는
같은 간호를 하더라도 그 일하는 방식이 천차만별로 다르기
때문에 갑자기 부서 이동이 이뤄진다면 혼란만 일으킬 뿐 역
량 강화에는 도움이 되지 않는다고 생각한다.

그래서 가장 베스트는 처음 첫 부서의 선택에 본인이 잘 적응
해서 꾸준히 밀고 나가는 방법이며, 그렇지 않다면 1~2년 정
도 일한 뒤 다른 부서로의 로테이션을 통하여 빠른 시기에 적
정한 부서를 선택하는 것도 좋은 방법이다.

Q5
간호사도
직책이 있나요?

병원에서 일하는 간호사는 일반 회사와 같이 사원-대리-과
장-차장-부장 등의 직위로 나누지 않는다. 보통 신규간호사
로 입사하여 평간호사, 주임간호사, 책임간호사, 파트장, 간호
과장, 간호팀장, 간호부장 순으로 연차와 시험에 따라 그 단계
가 올라가곤 하는데 직위마다 해야 할 일들이 정해져 있다.

1. 신규간호사

간호대학을 졸업하고 간호사 면허증을 취득한 후 병원에 첫
입사를 한 간호사를 말한다. 보통 간호부에서 공통교육을 받
은 후 자기가 원하는 부서나 의료 인력이 필요한 부서에 배치
된다. 부서배치 후 프리셉터Preceptor 선배 간호사에게 부서에
서 일하기 위한 기본교육을 2~3개월 동안 받는다.

2. 평간호사

주로 환자들을 직접적으로 간호하는 액팅Acting 간호의 업무를
한다. 환자의 검사물을 채취하거나 통증 호소 시 투약을 하기
도 하며 기본 활력 징후에 대한 간호기록을 작성한다. 부서에
서 일하기 위한 가장 기본적인 업무를 수행한다.

3. 주임간호사

보통 3~5년 정도 숙련된 간호사를 말한다. 평간호사와 함께 간호 핵심 업무를 담당하며 부서 내 신규간호사가 배치되면 프리셉터가 되어 신규간호사 교육을 담당하기도 한다.

4. 책임간호사

보통 6~10년 이상의 능숙한 간호사를 말한다. 액팅Acting 과 다르게 차지Charge 간호의 업무를 수행한다. Charge는 '책임'을 뜻하기도 하는데 관리직의 업무를 함께 수행한다. 병동에서는 간호사 스테이션에 앉아 의사의 처방을 확인하여 액팅Acting 간호사에게 전달하며 환자들의 상태를 실시간으로 확인하고 입, 퇴원 절차도 설명한다. 부서마다 각 부서의 책임 있는 자리에서의 역할을 담당한다.

5. 파트장

예전에는 수간호사라고 많이 말했지만, 요즘에는 파트장이라는 용어를 더 많이 사용한다. 파트장은 15~20년 차 이상의 간호사로서 한 부서의 장을 말한다. 부서의 모든 책임을 담당하고 있기에 부서원들을 관리하며 직접적으로 환자의 액팅Acting 이나 차지Charge 역할을 담당하진 않는다. 부서의 행정적인 일과 동시에 인력관리의 총책임을 맡고 있다.

6. 간호과장/간호팀장

20년 차 이상의 간호사로 각 분과를 담당한다. 병동, 수술실, 응급실, 중환자실 등 하나의 부서를 총괄하며 지휘, 감독하는 역할을 한다. 파트장과 협력하여 부서의 행정적인 일을 도모

하며 한 분과의 간호계획 업무를 수립하고 간호지침을 편성
한다.

7. 간호부장

해당 병원 간호부의 수장이다. 병원장과 함께 병원의 경영에
직접적으로 참여하며 간호 부서를 총괄하는 역할을 한다. 간
호부의 인사관리도 관리하며 조직이 효율적이고 능률적으로
운영될 수 있도록 모든 책임의 일선에서 병원을 운영한다.

나이팅게일
선서

간호 학생들이 간호사로서의 윤리와 간호 원칙을
담은 내용을 맹세하는 선서다. 근대 간호의 선구
자인 플로렌스 나이팅게일의 숭고한 정신을 기리
기 위해 그의 이름으로 바쳐졌다. 선서하는 내용
은 다음과 같다.

나는 일생을 의롭게 살며 전문 간호직에 최선을 다할 것을 하느님과
여러분 앞에 선서합니다.
나는 인간의 생명에 해로운 일은 어떤 상황에서도 하지 않겠습니다.
나는 간호의 수준을 높이기 위하여 전력을 다하겠으며, 간호하면서
알게 된 개인이나 가족의 사정은 비밀로 하겠습니다.
나는 성심으로 보건의료인과 협조하겠으며, 나의 간호를 받는 사람
들의 안녕을 위하여 헌신하겠습니다.

I am a nurse

Part 3 간호사의 몽타주

1 병원에서 일한다는 것

나는 한때 나만의 공간 안에서 일하는 직업을 꿈꾸곤 했다. 또 국가의 일을 하는 공무원이 되어 나만의 책상이 있고 그 공간 안에서 업무를 하는 모습을 그리기도 했다. 그런데 간호사가 되어 수술실에서 근무하니 지정된 나만의 공간이 있기보다는 수술실이라는 거대한 공간 안에서 상호작용하며 업무를 이어 나가게 되었다.

세상 그 어느 곳이든 병원이라는 공간 안에서 일한다는 것은 정말 고귀한 일이라고 생각한다. 아픈 사람이 모이는 곳이자, 생명의 연장선이 불꽃 튀어 그 간절함이 모이는 공간 안에서 일하니 자연스럽게 간호사라는 직업에 대한 전문성을 더욱 또렷하게 바라볼 수 있었다.

병원에서 일한다는 것은 그런 것이다. 비록 약품 냄새가 진동하고 정신없는 하루를 보내는 곳이기도 하지만 분명 사람의 생명을 다루는 곳이기 때문에 전문직의 자부심을 느끼면서 일할 수 있다.

병원을 포함해서 어느 직장이든지 본인이 얼마나 큰 관심과 애정이 있는지에 따라서 같은 공간이더라도 다른 태도로 업무에 임하게 되는 것 같다. 간호사로서 병원은 그저 출, 퇴근하는 곳이라는 마음을 가질지 혹은 이 공간 안에서 내가 무슨 역량을 더 펼칠 수 있을지에 대한 관점으로 다가갈지는 자신의 선택에 달려있다.

나는 같은 공간이라도 서로 어떻게 일하는지가 궁금해 세계의 병원을 여행하듯 다녔다. 그러다 보니 지금 다니는 이 병원도 마치 여행의 연속이듯 항상 새로운 도전을 하고, 많은 경험을 하려고 노력하고 있다.

병원을 여행하듯, 가벼운 마음으로 다니면서 그 안에 내 모습을 찾아가는 과정으로 생각한다면 더욱 긍정적인 마음으로 직장에 다닐 수 있다고 생각한다. 그저 부담으로 다가오는 공간이 아니라 설렘으로 다가오는 공간으로 이어질 수 있기를 바란다.

간호사가 되는데
나이 제한이 있나요?

간호사가 되고 싶은데 나이가 걱정된다면 아마 크게 두 분류로 나누어지지 않을까 생각한다. 첫 번째는 지금 간호학과를 입학해서 다시 공부를 시작하려 하는데 신입생들보다 나이가 많은 상황이고, 두 번째는 병원에서 일하고 싶은데 신규간호사라고 하기에는 조금 나이가 많은 상황일 것이다. 이 2가지의 상황을 중점으로 설명해 보겠다.

간호학과에는 어디든 만학도가 있다. 만학도는 보통의 학생들보다 늦은 나이에 학교를 다니는 사람들을 말한다. 간호조무사로 일하다가 들어오거나 대학을 졸업하고 회사에 다니는 도중 회사를 그만두고 다시 간호학과에 입학해 공부를 시작하는 경우, 그리고 여러 가지 개인 사정으로 인해 학업 공부를 늦게 시작하는 경우 등 수많은 경우로 간호학과에서 만학도를 보기가 어렵진 않다.

그만큼 간호사의 수요가 많고 취업도 보장되어 있기 때문에 다른 학과보다도 간호학과에 만학도가 많은 것 같다. 만학도를 안 좋게 보기보다는 오히려 현명한 선택으로 학과를 선택하지 않았나 생각한다. 학과 공부가 쉽지는 않지만 그만큼 간호사로 빠르게 취업하고 돈도 잘 벌 수 있기 때문이다.

그리고 한 번 병원을 취업했다가 다른 병원으로 빠르게 재취업하는 경우도 정말 많다. 그만큼 재취업에서도 간호사는 취업하기가 엄청 어려운 편은 아니다. 그래서 병원에서도 동기들보다 나이가 많은 간호사 선생님들도 많이 있다.

그렇다면 간호사가 되는데 나이 제한이 있다고 볼 수 있을까? 간호학과를 졸업하고 곧바로 취업했을 때 여자의 나이는 24살이다. 남자도 군대를 전역하고 취업을 하면 26살인데, 처음 신규간호사로 입사하는 경우라면 보통 20~30대 초반의 나이를 선호하는 편이다. 하지만 이런 나이가 규정으로 나와 있는 것이 아니기 때문에 판단은 본인이 객관적인 상황을 바라보며 해야 한다.

병원에서 환자를 간호하는 게 주된 업무이긴 하지만 그 업무를 하기 위해서는 동료 간호사 선생님들과의 의사소통도 필요하기 때문에 처음에는 나이로 인한 조금의 불편함을 감수할 수 있는 노련함도 필요하다.

Q2
간호사의 정년은
언제까지인가요?

정년이란 일정한 연령에 도달하면 자동으로 퇴직하도록 규정한 한계 연령을 의미한다. 간호사의 정년은 병원급에 따라서 다르게 적용된다. 어느 병원은 정년이 규정되어 있는 곳도 있지만 어느 병원은 규정 없이 근속이 가능한 곳도 있다. 보통 대학병원 같은 경우에는 현재 만 60세를 정년으로 보고 있다.

정년에도 일정한 나이가 되면 자동으로 퇴직하는 경우와 명예퇴직으로 나누어질 수 있다. 대학병원의 명예퇴직은 '교직원 명예퇴직 규정'에 따라 정규 교직원으로서 20년 이상 근속하고, 명예퇴직을 원하는 자만 일정 연령이 되지 않았더라도 퇴직을 할 수 있다. 명예퇴직 시 신청 후 바로 퇴직을 하는 것이 아니라 보통 위로 휴가로 1~2개월을 주기 때문에 위로 휴가를 다녀온 후 퇴직을 할 수 있다.

하지만 병원에서 정년퇴직하는 간호사 선생님을 찾아보기란 쉬운 일이 아니다. 임상에서 아픈 환자들을 30년 이상 간호한다는 것은 생각만큼 쉬운 일이 아니기 때문이다. 10년, 20년 근속하는 것 역시 대단한 일이라서 병원에서는 10년을 주기로 근속하는 간호사 선생님들에게 포상하기도 한다.

우스갯소리로 정년퇴직하는 선생님들에게 "선생님은 어떻게 오랫동안 간호사로 일할 수 있으셨나요?"라고 물어보면 "항상 사직서를 가슴에 품고 다니는데, 이게 하루 이틀 쌓이다 보니 환자 곁을 떠날 수 없었고 그렇게 30년이 흘렀어"라고 말씀하시곤 한다.

간호하면서 본인도 힘든 건 사실이지만, 무엇보다도 더 힘든 시간을 보내고 있을 환자들을 떠나자니 발걸음이 무거운 것이다. 그만큼 간호사는 책임감도 강하고 가슴을 울리는 사명감으로 일하는 직업이기도 하다.

간호사의 업무 강도는
어떻게 되나요?

병원에서는 환자의 통증 정도를 파악하기 위해 NRS 수치 평가 척도를 사용한다. NRS는 Numeral Rating Scale라고 해서 숫자 0부터 10까지를 기준으로 하며 0은 고통이 없는 상태, 10은 죽을 것처럼 극심한 통증이 있을 때를 의미한다.

세상의 모든 일 중 안 힘든 일이 어디 있겠으며, 대부분 자기가 하는 일이 가장 힘든 일이라고 목청을 높일 수 있다. 하지만 그 많은 일 중에서도 간호한다는 것은 상당히 높은 점수의 평가 척도를 받을 수 있다고 감히 장담할 수 있다.

일반적으로 병원이라는 공간 자체가 아픈 환자들이 모이는 곳이다. 병원에서 병간호를 해본 사람들이라면 공감할 수 있을 것이다. 아픈 환자들을 옆에서 계속 보다 보면 건강했던 사람도 괜히 아픈 것 같고, 분위기 자체가 밝기보다는 많이 침울하면서 차분히 가라앉아 있다.

사람이 가장 예민해지는 시기는 바로 스스로가 가장 아플 때이다. 스스로 몸이 통제가 안 되고 제멋대로 움직일 수 없으니 자신이 얼마나 답답하고 화가 날까? 간호사는 아픈 환자들의 병적인 측면뿐만이 아니라 그 환자의 정서적인 내면도 케어할 줄 알아야 하므로 육체적, 정신적인 업무 강도가 있는 편이다.

실제로 1년 미만 간호사 사직률은 2019년 45.5%로 집계된 통계가 있다. 타 직종의 평균 이직률인 4.8%보다 9배가 높은 수준이라고 한다. 그래서 간호사로 일하면 환자들만 간호하면 되는 게 아니라 스스로 위로할 수 있는 휴식 시간을 가지는 게 정말 필요하다.

사람의 생명을 다루고, 간호사의 작은 실수가 곧 환자의 건강 회복에 바로 직결되는 문제이기 때문에 일하면서 항상 긴장의 끈을 놓지 않아 그 피로도가 극심한 것은 사실이다. 하지만 일의 힘듦보다도 나의 간호로 인해 환자가 건강하게 퇴원하는 그 순간의 기쁨이 더 크기 때문에 우리 간호사들은 지금, 이 순간에도 최선의 노력을 하고 있다.

모든 간호사가
3교대를 하나요?

보통 간호사의 근무는 크게 Day 06:00~14:00, Evening 14:00~22:00, Night 22:00~06:00 3가지의 형태로 나뉜다. 부서의 사정에 따라 Day 근무지만 9시에 출근할 수도, 12시에 출근할 수도 있는 유동적인 근무 형태를 가지고 있다. 보통은 8시간 근무를 기준으로 하고 있으며 병동의 경우에는 조금 더 일찍 출근하는 편이다 Part 1 中 '간호사의 근무 일정은 어떻게 되나요?' 참고.

병원에서 근무하면 간호사는 아픈 환자들을 간호하는 일이 주 업무다. 그렇기에 아픈 환자를 옆에서 24시간 간호하는 것이 당연한 일이다. 그래서 대부분 간호사는 3교대의 형태로 근무하게 된다.

병동 및 중환자실에서는 환자가 항상 있기 때문에 3교대가 필수이고, 수술실 역시 보통은 낮에 정규수술을 하게 되며 야간에는 응급수술을 커버한다. 응급수술을 언제든지 할 수 있는 인력이 있어야 하기에 수술실 역시 3교대 형태로 근무가 이루어진다. 응급실 또한 언제 어떤 환자가 갑자기 올지 모르기 때문에 24시간 항시 대기해야 하는 곳이다.

그렇다면 모든 간호사가 3교대를 하는 것일까? 그것은 아니다. 간호사 중에서도 외래에서 환자를 담당하는 선생님들은 낮에만 근무하는 데이Day 근무가 주를 이루고 있으며, 내시경실 및 특수 검사 파트에서 일하는 분들도 3교대는 하지 않고 있다.

대신 3교대를 하지 않는 부서에선 On call이라는 제도를 시행하기도 한다. On call이란 '긴급 대기'를 뜻한다. 예를 들어 현재는 수술이 없지만, 갑자기 응급수술이 필요한 환자가 생기는 경우가 있다. 이 경우 On call 당직 근무로 배정된 사람은 즉시 전화를 받게 되어 30분 이내에는 병원에 도착해 수술에 투입되어야 한다.

병원의 경우에는 앞에서 설명한 방식과 같은 근무 형태를 이루고 있다. 개인병원이나 외래 진료만 하는 병원 또는 학교, 기업, 혈액원 등 3교대가 필요치 않은 직장도 있으니 간호사의 근무 형태도 여러 방면으로 생각해 볼 수 있다.

야간 근무가 많다는 게
사실인가요?

병원에서 근무하는 간호사라면 대부분 3교대를 기본 근무 형태로 일하게 된다. 근무의 형태 역시 병원마다 그 시간과 형태가 다르게 적용되긴 하지만, 나이트Night 근무는 병동, 부서 및 수용할 수 있는 인원에 따라 다르게 배정된다.

병동이나 중환자실, 응급실 등 입원환자의 간호를 하는 부서는 매달, 주기마다 나이트 근무를 돌아가면서 배정받는다. 수술실 역시 야간에는 응급수술을 커버해야 하므로 부서에 있는 수용 가능한 선생님들과 모두 동등하게 들어갈 수 있도록 근무를 조정한다.

하지만 모든 간호사가 야간 근무를 하는 것은 아니다. 부서의 파트장 선생님은 야간 근무를 하지 않고 낮에만 일하는 데이Day 근무만 하게 된다.

간혹 저녁에는 환자들이 모두 잠을 자기 때문에 야간에 일하는 간호사들은 쉰다고 생각하는 분들도 있는데, 간호사의 밤은 항상 불이 켜져 있다. 야간에도 역시 환자의 활력 징후를 지속해서 확인해야 하며, 당일 수술 받았던 환자의 수술 후 간호, 다음 날 아침 수술을 받을 환자들의 수술 전 간호, 그리고 야간에 올라오는 약도 챙기며 실시간으로 여러 환자를 모니터링하면서 간호를 이어 나간다.

야간에 근무한다고 해서 더 쉽다거나 더 한가한 것도 아니다. 오히려 낮에 근무하던 패턴에서 갑자기 야간 근무로 바뀌면 생체리듬이 바뀌어서 그 리듬에 적응하기가 힘들다. 그래서 아침에는 두통에 시달리는 선생님들도 있으며 몸의 피로감이 가시질 않는 상태가 지속되며 일하곤 한다.

그래서 병원에서는 야간 근무만 담당하는 간호사도 있다. 이 근무는 'Night Keep'이라고 부르곤 하는데 낮에는 근무하지 않고 야간에만 근무하는 형태이다. 야간 근무가 힘들다고는 하지만 야간수당이 붙어서 기본급에 야간수당을 더해 월급을 받게 된다. 그래서 월급날만 바라보며 흔히 버티는(?) 간호사가 적지 않게 있다.

쉬는 날에는 보통
무엇을 하나요?

내가 바라본 간호사들은 열심히 일하는 만큼 쉬는 날에도 정말 열심히 잘 놀고 그 시간을 잘 활용한다. 밖에 나가 활동적인 것을 좋아하는 사람도 있고, 굳이 밖으로 나가지 않더라도 집에 있으면서도 그 시간을 소중하게 잘 사용하는 사람도 있다.

3교대를 하는 간호사라면 쉬는 날을 정말 잘 활용할 수 있다. 3교대를 하면 주말에도 일하는 경우가 많은데 주말에 일한다는 것은 곧 평일에 쉴 수 있다는 말이기도 하다. 남들이 쉴 때 일하기도 하지만 남들이 일할 때 쉴 수도 있어서 평소 사람이 붐비는 맛집이나 전시회를 갈 땐 평일 한가한 시간을 이용하여 다녀올 수 있다.

나의 경우 쉬는 날에는 보통 운동을 많이 한다. 처음에는 러닝을 시작으로 마라톤 대회를 준비했으며, 철인 3종으로 입문하여 러닝, 사이클, 수영을 번갈아 가며 대회를 준비하기도 했다. 그러던 중 코로나19로 대회가 모두 취소되거나 연기되면서 하나의 목표가 사라진 느낌이었다. 그래서 시선을 조금 돌려 그동안 해보지 못했던 새로운 분야로의 도전을 이어 나갔다.

그 도전 중 하나가 바로 글쓰기와 요가, 그리고 명상이었다. 글쓰기를 통하여 대한민국 간호사 중 한 명이 치열하게 살아가고 또 좋아하는 일을 하면서 성장하는 과정을 많이 알리고 싶었고 요가와 명상은 내면적 수양을 해보고자 도전했다.

쉬는 날에는 누구든지 그 시간을 온전하게 사용할 수 있다. 모두에게 동등하게 주어진 그 시간을 조금 더 소중하게 생각하여 스스로 성장시킬 수 있는 목표를 세우고 도전한다면 더 효율적으로 쓸 수 있다.

간호사들 사이에선 "쉬는 날인데 뭐 할 거야?"라는 질문에 농담으로 "나 집에서 ABR!"이라고 답하곤 한다. 여기서 ABR이란 Absolute Bed Rest로 절대 침상 안정을 뜻하는 의학 용어를 말한다. 나의 고됨을 ABR을 통해 회복한다는 은어로 사용하곤 하는데, ABR도 좋지만 침대 위에서만 시간을 허비한다면 쉬는 날의 시간이 아까울 것 같다.

ABR도 좋지만 그 시간을 온전하게 사용할 수 있는 유연함도 가질 수 있으면 좋겠다. 그래야 스스로 매너리즘에도 빠지지 않고 조금 더 리프레시한 마음가짐을 가지고 다시 일할 힘을 낼 수 있기 때문이다.

간호사는 유니폼을
꼭 입어야 하나요?

유니폼이 상징하는 것은 무엇일까? 한 조직에서 제복을 입는 것은 '소속감'을 느끼면서 그에 대한 책임감을 느끼는 것이다. 실제로 제복을 입으면 타인에게 보이는 전문성과 신뢰도를 높이고 업무 성취도 또한 높아진다는 연구 결과도 있다.

1971년 사회심리학자인 필립 짐바르도Philip Zimbardo 교수가 스탠퍼드 대학교에서 진행했던 흥미로운 심리학 실험이 있다. 당시 심리학과 건물 지하에 가상의 교도소를 만들고 24명의 학생에게 교도관과 수감자의 역할을 하게 했다.

각자의 유니폼을 입고 실험에 참여했던 학생들은 2주 동안 가상의 교도소 안에서 각자의 역할에 충실하며 실험에 임했다. 가상의 상황이었지만 교도관들은 그 안에서 자체 강령을 만들었고 수감자들 역시 실제 수감자처럼 행동하면서 폭동을 일으키기도 했다. 2주 동안 계획했던 이 실험은 실제 교도관과 수감자처럼 행동하는데 걸리는 시간은 오래 걸리지 않았다. 애초 계획보다도 빠른 5일 만에 여러 부작용을 염려하여 실험을 조기 중단하였다.

이 실험이 시사하는 것이 무엇일까? 여러 사회 집단화 성향도 있겠지만, 먼저 각자 역할에 맞는 유니폼을 입음으로써 더욱 그 사회를 조직화하여 생산성 증대와 소속감을 고취할 수 있음을 알 수 있었다. 학생들이 입는 교복이나 군인들이 입는 군복, 승무원들이 입는 유니폼 등 역시 이러한 기대효과를 바라보고 입는 것이다.

간호사는 전문직이다. 의료인으로서 환자의 안위를 증진할 수 있어야 하고 그 어느 조직보다도 항상 긴장의 끈을 놓지 않아야 하며 본인의 행동에 대하여 책임을 질 줄 알아야 한다. 그래야 환자가 건강하게 퇴원할 수 있기 때문이다. 이러한 여러 이유로 간호사는 병원에서 반드시 유니폼을 입게 되어 있다.

간호사의 급여는
어떻게 되나요?

간호사의 급여는 당연하겠지만, 병원과 부서마다 그리고 3교대의 유무에 따라 다르게 책정된다. 간호사의 월급은 크게 2가지의 형태로 나누어진다. 첫째, 병원에서 정해놓은 규정에 따라 일정 액수를 지급 받는 경우이다. 둘째, 병원 관리와 협의하여 연봉 협상이 이루어지는 경우이다. 일반적인 병원의 경우에는 보통 첫 번째의 형태를 따르고 있다.

신규간호사의 초봉은 서울권 대학병원 기준 평균 4,500~5,000만 원 이상으로 시작한다. 병원의 규정마다 다르기도 하고 3교대를 할 경우에는 나이트 근무 야근수당이 붙어서 월급을 받기 때문에 같은 병원이라 할지라도 근무의 형태에 따라 간호사별로 급여가 다르다.

Big5 병원을 선호하는 이유 중 하나도 업무의 강도와 중증도가 높지만 다른 병원에 비해 월급이 많기 때문이다. 한 병원에서도 경력 단절 없이 꾸준히 일하면 호봉 수가 올라가기 때문에 매년 기본급이 오른다.

남자 간호사의 경우 군대를 다녀오기 때문에 군대 경력을 인정받아 같이 입사한 여자 간호사보다 2년의 호봉 수 더 높게 시작한다. 처음 초봉이 약간 높게 시작하지만, 남자와 여자 성별에 따른 연봉의 차이는 없다.

미국의 경우에는 우리나라보다 급여를 더 많이 받는다. 일반 신규간호사의 경우 6,000~7,000만 원 정도의 급여를 받으며 전문 간호사의 경우는 그 이상의 급여를 받는다. 근무 조건 역시 간호사 1명당 간호하는 환자의 수도 적어서 근무 환경 역시 더 좋다고 할 수 있다.

간호사의 복지는
무엇이 있나요?

병원마다 간호사의 복지가 다양하겠지만 누구나 공통으로 적용받을 수 있는 복지는 아마 진료비 할인이 아닐까 생각한다. 보통 간호사가 근무하는 병원에서 진료를 받을 경우 50% 이상의 할인을 받을 수 있다.

아파서 진료를 받아야 할 때도 근무를 마치고 바로 외래를 볼 수 있다는 장점도 있으며, 수술이나 시술 및 입원 시 직원 할인을 받을 수 있다. 본인뿐만이 아니라 직계가족도 함께 적용되는 경우가 많다.

그리고 경조사에 대한 부분도 있다. 경조사 항목에는 결혼이나 출산, 회갑, 사망 시에 대한 경조비를 지원한다. 그리고 병원 자체에서 제휴를 맺은 업체와도 함께 복지 혜택을 받을 수 있는데, 전국에 있는 호텔이나 리조트 등 하계, 동계 및 일반 휴가 시 할인을 받아 시설을 이용할 수 있는 곳이 많다.

만약 대학병원이라면 대학교와 연계된 수업도 들을 수 있다. 외국어나 본인의 취미활동을 할 수 있는 다양한 과목의 수업도 신청해서 들을 수 있다. 그리고 본인이 학업에 대한 욕심이 있다면 대학원 진학 시에도 병원에서 학업 지원비를 받을 수 있다. 자녀를 둔 부모라면 병원에서 운영하는 어린이집도 있어서 만 1세~취학 전의 아이를 내가 일하는 곳 근처에서 믿고 맡기며 교육할 수 있다.

대학병원의 장점 중 하나는 연금도 사학연금으로 유지한다는 것이다. 대학병원에서 일하면 교직원으로 소속되기 때문에 국민연금이나 공무원연금이 아닌 사학연금으로 운영된다.

이 외에도 간호사 상담 및 코칭 서비스도 있으며 기숙사도 지원하여 자금 마련에 도움을 준다. 개인적으로 복지 혜택으로 가장 많이 이용하는 것은 부모님의 건강검진이다. 직계가족도 건강검진 50% 할인을 받을 수 있어서 2~3년을 주기로 하여 부모님의 건강검진을 도와드리고 있다.

2 간호사의
무게

아직은 어리숙하기만 하고 한창 많이 배우면서 실력을 키우고 있었던 2년 차 전담간호사 시절이었다. 봄에서 여름으로 넘어가는 계절에 주말 당직으로 수술실을 지키고 있었다.

보통 주말 수술실은 정규수술이 없어 응급수술만 커버하면 되기 때문에 응급실로 환자가 내원하거나 병동, 중환자실에서 갑자기 환자 상태가 안 좋아지지 않는 이상 급하게 수술하는 경우는 많이 없다.

아직은 미숙하기도 하고 그저 무난하게만 지나가기를 바랐던 그 순간, 응급상황임을 알리는 벨이 요란하게 울리기 시작했다. 전화를 받아보니 위·장관외과 임상조교수님이었고 급하게 응급수술을 해야 할 환자가 있어서 급하게 수술실을 열어야 한다고 했다.

정신을 차리고 일단 환자 과거력을 살펴보는데, 우리 과 환자가 아니라 흉부외과 담당 환자였다. 3일 전 심장 쪽 수술을 받은 후 중환자실에서 간호받고 있는데 갑자기 위쪽으로 피가 넘어가고 부풀어 오르는 증상이 있어서 한시가 급하게 빨리

154

수술받아야 하는 상황이었다.

마취과에 알리고 일반외과 소속이었던 나도 빠르게 수술을 준비했다. 수술 전 동의서도 받고 환자를 모시러 가기 위해 밖으로 나갔는데, 환자는 인공기도관을 통해 앰부백Ambu bag 으로 산소를 공급받고 있었고 침대 주변에는 가족들이 둘러서서 눈물을 흘리고 있었다.

아마도 임상과에서 환자가 좋지 못한 상황이고, 심하면 죽음에 이를 수도 있다는 것을 설명한 모양이다. 수술실 문이 닫히면서 그 사이로 보이는 가족들의 모습을 바라보자니 발걸음이 너무 무거웠다.

환자를 빨리 모시고 수술방에 입실했고 우리는 재빨리 환자의 복부를 개복해야 했다. 그런데 개복하기에는 환자의 혈압이 너무 낮았다. 보통 일반인들의 정상 혈압이 120/80 정도라면 이 환자의 혈압은 50/20으로 측정되더니 그 수치가 점점 떨어져 갔다.

마취과 쪽에서 승압제를 주면서 혈압을 올리려 했으나 강한 약물에도 반응하지 않았다. 이렇게 혈압이 잡히지 않으면 환자는 곧바로 심정지 상태로 돌아간다. 아니나 다를까 혈압과 맥박, 산소 수치를 나타내는 모니터에서는 갑자기 환자의 맥박이 잡히지 않으면서 심정지 상태로 돌아갔다.

이때 의료진은 곧바로 심폐소생술을 해야 한다. 심장이 멈춰서 심장의 혈액이 뇌로 전달되지 못하기 때문에 심장을 재빠르게 되돌리고 지속해서 뇌에 혈액을 공급하기 위해서 인위적으로 심장을 눌러서 혈액을 내뿜어 내는 것이다.

전공의와 펠로우, 교수님과 내가 번갈아 가며 가슴을 압박했으나 30분이 지나도록 환자의 정신은 돌아오지 않았다. 수백, 수천 번의 가슴 압박에 우리의 옷은 땀으로 흠뻑 젖어 있었고 결국 흉부외과 교수님께서 중단을 선언, 그 자리에서 사망선고를 하셨다.

나는 그대로 다리에 힘이 풀려 주저앉고 말았고 안 그래도 추운 수술실의 온도가 더 차갑게 나를 감싸고 있었다. 정신을 차리고 환자의 얼굴을 보았는데 이미 얼굴은 엄청 부어 있었고 환자의 입에서는 피를 토하고 있었다. 아무래도 위쪽에 피가 고여 있었던 상황이어서 가슴 압박을 하면서 그 피가 역류해서 올라온 모양이다.

수술대 위에 누워있는 환자에게 흰색 천을 씌우는 순간에는 불과 1시간 전 수술실 밖에서 마주한 환자 가족들의 얼굴이 주마등처럼 스쳐 지나갔다. 그 순간만큼은 마치 지구의 중력이 나를 짓누르는 것 같이 무거운 느낌을 받았다. 그래서 순간의 기억이 평생 잊히지 않고 5년이 지난 지금도 너무 생생하게 기억이 난다.

간혹 주변 간호사 선생님들께서는 처음 마주한 그 순간이 꿈에도 나온다고는 하는데, 나는 다행히 큰 트라우마가 없어서 다시 현실로 복귀해서 다른 환자들의 간호에 더 신경 쓸 수 있었다.

환자의 죽음에 대응하는 것도 사람마다 성격이 다른 것 같다. 그 상황에 너무 몰입하다 보면 오히려 내가 스트레스를 받게 되고 지금 내 앞의 일에 집중할 수 없기 때문에 가능하다면 빨리 그 상황에서 나오는 게 스스로에게도 좋다.

수술대 위에서 어떠한 처치조차 하지 못하고 임종을 맞이했던 환자를 생각하면 너무 안타까운 마음뿐이고 앞으로도 내 기억 속에 평생 남을 것 같다. 병원에서 일하다 보면 예상하지 못한 일들이 정말 많이 일어나고 마주하게 된다. 그렇기에 나는 그런 응급상황에 잘 대처하는 것이 숙련된 간호사로 나아가는 과정 중 하나라고 생각한다.

Q1
간호사가 아프면
어떻게 하나요?

세상을 살아가며 아파보지 않은 이 한 명도 없으며 누군가의 간호를 받지 못한 이 역시 단 한 명도 없다. 간호사도 사람이기에 아플 수 있고 실제로도 잔병치레가 잦은 간호사들도 정말 많다. 단지, 간호사는 의료진이기에 우리보다 더 아프고 더 힘든 순간순간들을 버티며 보내고 있을 환자들에게 직업적 소명을 다하는 것이고 또 온전하게 치료받을 수 있도록 최선을 다할 뿐이다.

이러한 마음가짐은 병원에서 일하면서 자연스럽게 몸에 배는 것 같다. 아픈 사람을 치료하는 직업이라 간호사 본인이 아프더라도 티를 많이 내지 않을 뿐이다. 하지만 무조건 참거나 병을 삭힌다는 것은 절대 아니다. 그래도 의료 지식이 있다 보니 자신의 병에 대하여 의심 증상으로 진단할 수 있고 심하면 병원 외래를 통해 정밀한 진단을 받곤 한다.

간호사의 복지 편 Part 3 中 '간호사의 복지는 무엇이 있나요?' 참고 에서도 말하긴 했지만, 간호사는 본인이 일하는 병원에서 진료받게 되면 50% 이상의 진료비 할인을 받을 수 있다. 만약 불의의 사고를 당했거나 오랜 기간 입원이 필요한 경우에는 병가를 내고 치료를 받을 수 있다.

'왕이 되려는 자, 왕관의 무게를 견뎌라'라는 말이 있다. 간호
사가 되려는 자라면 어깨에 짊어진 책임감을 견뎌야 하는 순
간들이 많이 있을 것이다. 아직도 많이 부족한 간호사 인력에
우리 하나하나의 존재가 참 소중하고 환자들에게는 곧 희망
이 될 수 있다. 그래서 항상 신념처럼 생각하는 '의료진이 건
강해야 환자가 건강하다'라는 말을 가슴속에 간직하며 평소
에 자기관리를 하는 편이고 영양제도 잘 챙겨 먹으며 스스로
건강을 챙기는 편이다. 그래야 내 건강도 챙기고 환자의 건강
도 챙길 수 있다.

환자의 죽음에 대한 트라우마가 있나요?

아무래도 환자를 간호하면서 가장 마주하고 싶지 않은 순간은 환자의 죽음을 눈앞에서 마주할 때인 것 같다. 그렇다면 병원 안에서 죽음을 눈앞에서 가장 많이 마주하는 부서는 어디일까? 적지 않은 사람들이 수술실이라고 많이들 이야기하지만, 의외로 수술실에서는 죽음을 많이 마주하진 않는다.

수술 중 위급한 상황이 찾아오기도 하지만 대부분 잘 대처하여 그래도 환자를 살려낸다. 중요한 것은 수술 후 병실이나 중환자실에서 어떻게 회복하느냐, 환자의 컨디션이 얼마나 좋아지느냐에 따라서 생과 사의 기로에 서게 된다.

그래서 수술실보다도 병실 특히나 중증 환자들이 많이 입원해 있는 중환자실에서 죽음을 많이 마주하게 된다. 일은 하면할수록 익숙해질 수 있지만, 죽음은 아무리 마주하더라도 감각이 무뎌지지 않는다. 분명 어제까지만 해도 활력 징후도 좋고 지속적으로 호전되고 있었는데도 다음 날 보면 갑자기 상황이 안 좋아져서 임종을 맞이하는 환자들도 있고, 몸 상태가 갈수록 안 좋아져 임종에 더 가까워지는 분들도 있다.

아무래도 우리는 사람을 살리는 직업이고, 꼭 살려야만 하는 그런 위치에 있어서인지 우리조차도 환자의 죽음을 인정하고 싶지 않고 또 보내드리고 싶지도 않다. 그래서 매 순간 24시간 환자 곁에서 간호하는 것이고 그것이 우리가 존재하는 이유이기도 하다.

사람의 운명과 인생에 대해서는 우리가 좌지우지할 수 없기 때문에 그런 순간들이 오더라도 그 순간에 너무 자책하거나 우울해하지 않고 빨리 빠져나올 수 있는 결단력과 마음가짐도 많이 필요하다.

병원에는 호스피스 병동이라는 곳이 있다. 호스피스란 죽음을 앞둔 환자가 평안한 임종을 맞이할 수 있도록 위안을 베푸는 병실이다. 환자와 가족을 함께 치료하며 죽음에 대하여 잘 대처할 수 있도록 옆에서 도우며 간호하는 곳이라 그 어느 병동보다도 환자 죽음을 가장 가깝고 빈번하게 맞이하기도 한다.

호스피스 병동에서 일하시는 간호사 선생님들의 노고 역시 말로 이루어 말할 수 없겠지만 그분들 역시 죽음 앞에서는 가장 나약한 존재이며 마음이 편하지 않음에는 변함이 없을 것이다. 다양한 상황 안에서 그것을 잘 대처하는 법을 배우는 것도 간호사의 역할 중 하나이다.

Q3

'태움'이 실제
존재하나요?

'태움'이라는 은어가 언제 어디서부터 시작되었을까? 태움이 라는 용어는 간호사들 사이에서 직급 및 서열에 따라 행해지 는 각종 폐습을 의미한다. 그 뜻을 해석하자면 '재가 될 때까 지 태운다'라는 뜻으로 풀이되고 있다.

이러한 태움 문화가 실제로 많은 곳에서 존재하고 또 행해지 고 있기 때문에 간호학과 학생 사이에서도 퍼지면서 일명 태 움으로 유명한 병원도 소문이 나고 있다. 어느 직장, 어느 부 서에서나 항상 좋은 분위기만 유지할 수는 없지만 유독 우리 나라의 간호사들 사이에서는 이 태움이라는 게 실제로 많이 행해지고 있다.

태움의 근본적인 원인은 무엇일까? 일단 간호사는 환자의 생 명과 직결된 일을 하기 때문에 항상 행동 하나하나에 신중해 야 하고 또 적절한 긴장을 유지하면서 일을 해야 큰 사고를 사전에 방지할 수 있다. 그래서 조그만 문제가 발생하면 오히 려 크게 혼을 내는 경우도 있다. 항상 큰불은 작은 불씨에서 부터 발생하기 때문이다. 하지만 그 태움의 과정에서 인격적 인 모독으로 이어지면 그 심각성이 커지게 된다.

실제로 신규간호사들의 사직률이 높은 이유로 태움 문화가 한몫한다. 처음에는 아직 배우는 단계임에도 선배 간호사들은 그에 대비하여 기대치가 높게 잡혀있다. 하루라도 빨리 배워서 1명의 몫을 다 해주기를 바라는 마음에 사소한 행동도 크게 부풀려서 말하는 경우가 있다.

이러한 문제는 병원마다 다르고 부서마다 다르게 적용된다. 모든 병원, 모든 부서가 이렇다고 말할 순 없지만, 오히려 신규간호사들이 처음부터 지레 겁을 먹고 일을 시작하게 되면 더 자신감이 떨어지고 안 하던 실수도 하기 마련이다.

이러한 태움 문화는 근절되어야 하고 개선되어야 할 부분이 맞다. 실제로 직장 내 괴롭힘으로 인해 정신불안 증세를 앓거나 심지어 극단적인 선택을 했다는 기사도 본적이 있다. 그래서 의료 현장의 근무 환경을 개선해 간호사들의 태움 피해 및 조기 이직 문제를 해결하기 위한 법안이 나오기도 했다. 일명 '간호사 태움 방지법'이다.

실질적인 문제로는 간호 인력이 부족한 데 있다. 우리나라 간호사의 1인당 환자 수는 16.3명으로 유럽 12개국 및 미국 평균인 8.8명의 2배에 이르는 것으로 발표된 통계 자료가 있다. 신규간호사의 1년 내 이직률은 35.3%로 전체 산업의 8.2배에 달한 간호 인력의 근무 환경 개선이 시급하다.

병원들은 복잡한 의료수가 문제로 인해 경영 문제를 안고 있다고 곡소리를 내며 적절한 간호사 인력을 쉽게 확충해주고 있지 않은데, 이 또한 열악한 근무 환경을 강요하면서 태움을 부추기고 있다.

간호사들의 근무에 여유가 있고 유연한 직장 조직문화를 만들 수 있는 분위기가 형성된다면 이 태움 문화도 사라질 수 있다고 생각한다. 무엇보다도 환자뿐만이 아니라 간호사를 대할 때도 서로의 동료 의식을 가지고 인격적으로 대하며 현실적으로 대응할 수 있는 대책 방안이 논의되어야 한다.

모든 간호사가 똑같은 마음일 수는 없지만, 인격적인 모독과 심한 언행들에 대해서는 철저한 처벌이 이루어져야 한다. 그래야 고질적인 악행 문화를 없앨 수 있고, 의료 기술뿐만이 아니라 의료 문화면에서도 선진국으로 나아갈 수 있을 것이다.

간호사가 되어서도
공부를 해야 하나요?

간호학은 인본주의에 기반한 응용과학이자 실천 학문이다. 인간애를 중심으로 인간의 삶 전체를 이해하고 인간 생명의 가치를 중요시하게 여긴다. 단순히 간호하는 업무만을 공부하는 것이 아니라, 건강 증진과 질병 예방에 대하여 과학적 지식을 적용하며 윤리의식과 인간 존엄성의 철학을 바탕으로 고찰하기 때문에 자연계열과 인문계열의 영역을 통합하고 있다.

간호학과에서는 이러한 인문, 자연계열의 통합적인 공부를 통하여 인간을 탐구하는 공부를 주로 한다. 그래서 문과, 이과의 구분 없이 공통학문으로 누구나 간호학과를 지원하고 공부할 수 있는 이유이다. 엄밀히 말하면 간호학은 이과에 가까운 자연과학의 학문이지만 사람을 단순히 해부, 생리학적으로만 접근해서 치료하는 것이 아니기에 감정을 이해하고 효과적인 의사소통을 통하여 사람의 심리를 활용한 치료도 간호학에 포함되어 있다.

그래서 간호학에서의 공부는 끝이 없다고 말할 수 있다. 한 생명을 다룬다는 것은 그 사람의 인생을 다루는 것과 마찬가지인데 어떻게 사람의 인생을 대할 때 끝을 알 수 있겠는가? 인간을 표현하는 영역은 너무나 넓어서 항상 배우는 자세를 잃지 않아야 한다.

특히 현대사회에서도 4차 산업혁명의 시대로 접어들고 있는 요즘에는 하루가 다르게 의료계가 발전하고 있다. 새로운 기술이 기존의 일자리를 없애거나 줄이고도 있지만 간호사의 직업은 미래에도 없어지지 않을 직업 중 하나로 손꼽히고 있다. 그 이유 중 하나는 외면적으로 표현할 수 없는 인간의 감정은 사람만이 케어할 수 있는 부분이기 때문이다.

실제로 임상에서 일할 때도 로봇이나 초음파, 인간이 건강한 상태임을 측정할 수 있는 기계 등이 날로 발전하고 있음을 알 수 있다. 새로운 기계가 개발될 때마다 기계를 만드는 업체는 병원에 찾아와 데모 기계를 빌려준다. 그래서 우리는 그 기계를 써보면서 어떤 점이 좋고 보완이 필요한지 피드백하기도 한다. 더 좋은 게 있으면 그 기계를 임상에 적용하여 사용함으로써 우리는 매일 새로운 기계를 다루는 방법도 공부해야 한다.

최근의 트렌드는 고령화 시대로 접어들면서 노인간호 시스템 구축이 국가적 과제가 될 것이라고 한다. 증강 현실과 인공지능을 활용하여 빅데이터를 구축하고 이를 활용한 개인별 맞춤형 돌봄 등의 영역이 새로운 간호의 영역이 될 수 있다.

이제는 단순히 대학을 졸업하고 임상경력을 쌓은 후 석사, 박

사과정으로 가는 것만이 공부의 연속을 의미하지 않는다. 새
로운 트렌드에 관심을 가지고 미래의 간호에 대하여 분석하
는 습관을 지닌다면 자신을 브랜드화할 수 있는 간호의 영역
이 펼쳐질 것이다.

Q5
의학 용어는
어떻게 공부하나요?

간호사와 의사는 병원에서 의학 용어를 주로 많이 사용하며 소통한다. 의학 용어는 우리나라뿐만이 아니라 미국에서도 같이 사용하기 때문에 외국에서 일할 때도 유용하게 쓰일 수 있다.

간호학과에서는 여러 과목에서 의학 용어를 자연스럽게 마주하게 된다. 의학 용어라는 별도의 과목을 배우기도 하지만 해부학이나 성인간호학, 기본간호학 등 이론 전공과목에서도 자주 나오고 특히나 실습할 때면 그 실습 배정 부서에 따라 별도로 의학 용어 시험을 보기도 한다.

이처럼 간호학과뿐만이 아니라 졸업하고 병원에서는 더욱 많이 쓰는 의학 용어를 어렵다고만 해서 멀리해서는 안 되고 그때그때 암기하고 이해하면서 공부할 필요가 있다.

그렇다면, 의학 용어는 어떻게 공부해야 할까? 의학 용어는 '접두사+어근+접미사' 이런 식으로 하나의 용어를 나눠서 외우면 훨씬 이해하기도 쉽고 여러 단어에 적용하기도 용이하다. 예를 들어서 'Gastrostomy'를 외워본다고 하자. 가운데 어근 'o'를 기준으로 앞에 'Gastro'는 영어로 '위 Stomach'를 의미한다. 뒤에 'stomy'는 특정 장기에 구멍을 뚫어서 하는 수술을 의미한다. 그래서 단어를 모두 합치면 '위루형성술'이라는 뜻으로 해석된다. 앞에는 장기, 가운데 o를 더해서 뒤에는 어떠한 수술을 더 한다고 생각하면 여러 단어에 적용할 수 있다.

접미사의 특징을 많이 외워두면 도움이 많이 된다. '-stomy' 뿐만 아니라 '-ectomy'는 어떤 절제술을 뜻해서 앞에 'Thyroid 갑상선'가 붙으면 'Thyroidectomy 갑상선절제술'라는 단어가 형성된다.

이런 식으로 무작정 단어를 외우기보다는 응용해서 외운다면 훨씬 더 쉽게 암기할 수 있을 것이다. 하지만 모든 단어가 이러한 규칙이 적용되는 것이 아니고 각자의 의미를 뜻하는 단어들도 많이 있다. 그럴 때는 토익 영어단어를 외우듯 하루에 적절한 용어의 개수를 정해서 꾸준히 반복해서 외우는 것이 좋다.

임상에서 일하다 보면 과마다 쓰는 단어들이 다르다. 그래서 모든 의학 용어를 알기란 불가능하고 보통은 자신이 일하는 부서에서 많이 쓰는 의학 용어들을 반복해서 쓰기 마련이다. 그래서 임상에서 일할 때도 모르는 단어가 나오면 찾아보면서 공부하기도 하는데 이렇듯 간호사로 일하게 되면 업무뿐만이 아니라 용어 면에서도 꾸준히 공부할 수밖에 없다.

의학 용어를 효율적으로 외우는 방법은 일상생활 속에서 자연스럽게 쓰일 수 있도록 반복해서 말해보는 것이며 무작정 외우기보다는 하나의 규칙을 만들어서 외우는 게 좋다. 그리고 한 번에 많은 양을 외우기보다 적절한 개수를 정해서 하나의 수첩을 가지고 다니며 반복적으로 외우는 것이 좋다.

Q6
간호사의
직업병이 있나요?

간호사로 일하면서 실제로 자주 앓은 병과 일상생활에서 습관적으로 보이는 병 2가지로 나눠서 설명하자면, 일단 실제로 간호사들이 많이 앓고 있는 고질적인 병에는 근골격계 질환과 피부염 등이 있다.

병실이나 중환자실, 그리고 수술실에서는 행동에 제한이 있는 환자들에 대하여 체위를 변경해줘야 하는 흔한 업무가 있다. 환자의 시트를 갈아준다거나 욕창 방지를 위해서 주기적으로 환자의 체위를 변경해줘야 하는데 그럴 때마다 간호사들은 어깨나 허리에 무리한 힘을 쓰게 되면서 근골격계 질환이 발생할 확률이 높아지게 된다. 수술실에서는 장시간 제한된 공간 안에서 서 있는 경우가 많아서 허리에 무리가 많이 가는 편이다.

그리고 간호사는 손 위생이 가장 중요하다. 한 명의 환자만 간호하는 것이 아니라 여러 환자를 담당하고 간호하기 때문에 환자와 환자 간의 교차 감염을 예방하기 위해서 그리고 스스로를 보호하기 위해 손 위생에 습관적으로 신경 쓴다. 보통은 손 소독제를 가장 많이 사용하는데 잦은 빈도의 손 소독제 사용은 손 피부염으로 이어질 수 있다. 너무 많이 사용한 나머지 손의 피부가 벗겨지는 간호사들을 정말 흔하게 볼 수 있다.

이렇게 일하면서 겪게 되는 직업병을 예방하기 위해서 압박 스타킹을 신는다거나 허리 보호대 또는 손목 보호대를 착용하고 일하는 간호사가 정말 많다. 그리고 손 위생 수행 후 주기적으로 핸드크림을 발라주면서 손의 보습을 유지하는 것도 하나의 방법이다. 그래서 간호사들에게 선물하기 가장 좋은 것은 핸드크림이다.

이렇게 실제 앓고 있는 병 말고도 간호사의 시선으로 보이는 직업병에는 일상생활을 하다가도 손이나 몸에 상처가 있으면 그 상처를 잘 발견한다는 것이다. 상처가 있으면 드레싱을 해주고 싶다. 그리고 친구들과 만날 때면 본인도 모르게 친구들의 혈관을 보게 된다. 병원에서는 환자들의 혈관을 통해서 수액 라인을 잡기 때문에 평소 혈관이 좋은 사람을 만나면 한 번에 혈관을 잡을 수 있겠다는 생각을 하기도 한다.

그리고 대중교통을 이용하거나 길거리를 다닐 때도 항상 사람들의 예의 주시하곤 한다. 어느 순간에 갑자기 쓰러진 환자가 있다면 즉각적으로 응급처치할 수 있으며 실제로도 갑자기 쓰러진 환자에게 신속하게 심폐소생술을 해서 사람의 생명을 구한 간호사들의 이야기를 뉴스로 많이 접하기도 한다.

한 생명을 살리는 간호사로서 환자의 아픈 곳을 잘 보살필 줄

알며, 어떠한 상황에서도 능숙하게 응급상황을 대처하는 전
문적인 능력을 갖추어야 한다. 그러기 위해서는 평소에 스스
로 남에게 도움이 될 수 있는 사람이라는 마음가짐을 지녀야
하고 또 그런 전문직이라는 자부심을 가지고 있어야 한다.

3   간호사의
       순간

간호사의 길을 걸어간다는 것은 마치 햇볕이 강하게 내리쬐는 날, 넓은 운동장 한가운데 서 있는 것 같다. 나를 향해 햇볕이 비출 때면 그 따스한 온기를 고스란히 받을 수 있지만, 곧 뭉게구름이 그 햇볕을 가리면 금방 그늘진 그림자가 나를 감싸곤 한다.

나의 간호로 건강하게 퇴원한 환자분께서 "고맙습니다", "감사합니다", "덕분입니다"라는 한마디를 건네주실 때마다 그 뿌듯함과 넉넉하게 넓어지는 마음은 이루어 말할 수 없는 기쁨이다.

이와 반대로 지금 당장 너무 아프고 죽을 것 같은 통증과 사투를 보내고 있는 환자들이기에 불평과 불만, 심하면 표현할 수 없는 욕설까지도 받아야 하는 순간들이 있다. 그래서 햇볕과 그림자 그 중간 어딘가를 걸어가고 있는 간호사의 모습을 볼 때가 정말 많다.

또 간호사는 단순히 병을 돌보고 마음을 진정시키며 간호의 업무만 잘하면 되는 것이 아니다. 함께 일하는 간호사 동료 선생님들과의 관계도 너무 중요해서 가끔은 간호하면서 환자에게 받는 스트레스보다도 함께 일하는 이들에게서 받는 스트레스가 더 많은 경우도 다반사이다.

그래서 일과 관련된 스트레스보다 사람에게 받는 스트레스와 부담감으로 퇴사하는 경우도 정말 많다. 마치 햇볕이 쨍쨍하게 비추지만, 갑자기 소나기가 내려 미처 우산을 준비하지 못한 내 몸이 모두 젖는 경우이다.

하지만 언제나 고통만 가득한 곳은 아니니 무작정 겁을 먹고 오지 않아도 괜찮다. 비록 소나기에 적셔도 저 멀리에서는 여러 색으로 새롭게 피어나는 무지개가 보일 테니 그 순간순간들을 유연하게 잘 대처해 나간다면 더욱 전문적인 간호사가 될 수 있을 것이다.

세상에는 쉬운 일만 있는 것도 없고 어려운 일만 있는 것도 없다. 내가 하는 일에 자부심을 가지고 숭고한 일을 한다는 믿음 하나로 묵묵히 걸어나간다면 우리의 존재는 더욱 빛이 날 것이고 곧 모두에게 환한 모습을 보여줄 것이라 확신한다.

간호사로서 겪은
매력적인 순간은 언제인가요?

세상에 자신이 하는 직업에 자부심을 느끼고 또 매력적으로 느껴지는 순간을 가슴 뜨겁게 느낄 수 있는 직업이 과연 몇이 나 될까? 그저 같은 일을 반복하는 일상 속의 매너리즘에서 벗어나 내가 하는 일이 누군가에게 큰 힘이 되고 있다는 것을 절실하게 느낄 수 있는 직업이 바로 간호사다.

항상 아픈 환자들을 봐야 한다는 어쩌면 기고한 운명에 빠진 직업일 수도 있지만 아픈 환자가 건강하게 퇴원하는 모습에 보람을 느낀다면 그 또한 숙명이라 할 수 있다. 그래서 간호 사에게 가장 매력적인 순간은 기력을 회복해서 건강하게 퇴원하는 환자의 뒷모습을 바라볼 때인 것 같다.

한번은 18살의 고등학생이 오토바이 뒷좌석에 헬멧도 쓰지 않고 타다가 교통사고를 당해 응급수술을 들어간 적이 있었다. 타박상과 뼈 골절 등 머리부터 발끝까지 다치지 않은 곳이 없었던 사고였다. 그래서 수술은 일반외과, 정형외과, 신경외과, 성형외과 대부분의 외과가 모두 동시에 수술해야 했던 초응급, 대수술이었다. 수술 시간도 12시간을 훌쩍 넘겼는데 수술 중간에 심정지가 한번 와서 가슴 압박을 하면서 수술했던 기억이 있다.

다행히 젊은 나이의 심장은 곧 다시 뛰기 시작했고 수술 후 중환자실로 이동하여 한동안 중환자 간호를 받아야 했다. 이렇게 많은 외과 부서들이 모여 수술했던 적은 처음이라 이 환자의 예후가 너무 궁금했다. 그래서 수시로 환자의 간호기록을 보면서 잘 회복하고 있는지 유심히 지켜보고 있었는데 다행히 회복도 빠르게 진행되고 있었다.

생각보다 빠르게 2개월 정도 지나서 퇴원할 수 있었는데 걸어가면서 퇴원하는 와중에 "조금 더 이쁘게 꿰매줄 수 없었나요?"라는 농담도 건네왔다. 다리와 팔 쪽에 있던 수술 후 봉합이 맘에 들지 않나 보다. 수술 중에는 요단강을 한번 건넜다가 왔던 아이였는데 농담 섞인 말을 하면서 건강하게 퇴원하는 모습을 보니 정말 젊음은 무시할 수 없다는 것을 몸소 느낄 수 있었다. 확실히 회복하는 속도와 그 능력도 나이가 젊을수록 더욱 빠른 법이다.

많은 환자 중에서도 잊히지 않는 환자들이 정말 많은데 그중에서도 너무 인상 깊고 퇴원하는 그 뒷모습이 잊히지 않는 환자가 바로 이 아이다. 장시간 이어지는 수술 중에는 너무 힘들기도 했고 그 당시에는 예후를 예측할 수조차 없었던 상태였는데, 이렇게 건강하게 일상으로 돌아가는 모습을 바라보니 스스로 느껴지는 그 뿌듯함도 감출 수 없었다. 결국, 간호사라면 아팠던 환자가 건강하게 퇴원하는 것만큼 매력적인 순간은 없다.

Q2
간호사가 되어 느낀
보람된 순간은 언제인가요?

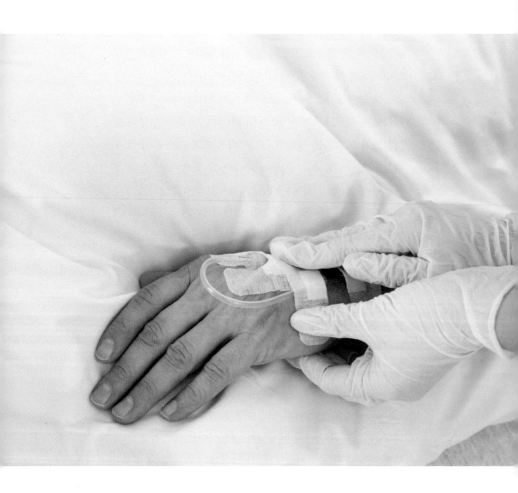

병원에는 간호사에게 '친절 간호사'라는 상을 주는 곳이 많이 있다. 친절 간호사는 부서마다 환자들에게 성심성의를 다해 간호하고 그 친절함을 느낀 환자나 보호자들이 칭찬 카드에 담당 간호사의 이름을 적어 보내주면 받을 수 있는 정말 값진 상이다.

보통은 병동이나 외래 등 환자와 보호자들과 자주 의사소통하고 마주치는 부서에서 받을 기회가 많은 상이다. 그래서 직접적으로 마주칠 수 없는 수술실이나 면회가 제한된 중환자실에서는 추천을 받기가 쉽진 않다.

이 친절 간호사를 말하는 이유는 간호사로서 보람을 느끼는 순간이 바로 환자나 보호자에게 진심 어린 수고의 말을 듣는 순간이기 때문이다. 항상 아픈 환자들을 간호하고 시간이 어떻게 지나가는지 모르게 바쁜 업무를 소화하는 병원 안에서 우리가 힘을 낼 수 있는 가장 큰 원동력은 바로 환자의 건강 회복이고 또 간호사에게 전해주는 따뜻한 말 한마디이다.

환자이기에 아플 때는 화를 내고 투정도 부릴 수 있지만, 나중에 퇴원할 때면 감사의 인사를 전해주는 순간들이 아마 간호사로서 가장 보람된 순간일 것이다. 모든 환자에게 똑같이 친절할 순 없겠지만 그래도 간호사들은 환자의 건강회복을 위해 최선을 다하는 것은 변치 않는 진심이다. 진심을 알아주고 그 보답으로 따뜻한 말 한마디 건네주시니 지금, 이 순간에도 우리는 맡은 바 간호에 최선의 힘을 더하고 있다.

Q3
간호사로서
가장 힘든 순간은 언제인가요?

어느 직업이나 쉽지만은 않겠지만 간호사로 일하는 것 역시 적성에 맞지 않는다면 일하기가 쉽지 않은 게 사실이다. 항상 아픈 환자를 간호해야 하며 그것도 적은 숫자의 환자가 아니라 감당하기 힘들 정도로 많은 환자를 간호해야 할 때가 많다. 특히나 우리나라는 간호사 1명당 간호하는 환자의 수가 다른 선진국에 비해 1.5~2배 정도 많다. 그래서 높은 강도로 일하는 것이 우리나라 간호의 현실이다.

또 처음 신규간호사로 일할 때는 알고 있는 지식의 시야가 정말 좁은 데 반해 많은 환자가 호소하는 다양한 증상들을 간호해야 하므로 더욱 벅차고 내 능력 밖의 일이라고 생각하는 경우가 많이 있다. 그래서 신규간호사의 사직률이 높은 이유 중 하나이고 그것을 혼자서 감당하기 부담스러움을 넘어서 무섭고 두려울 때가 있다.

4년 동안 간호학과에서 간호학 하나의 학문만 공부했지만, 막상 임상에서 직접 환자들을 만나면 내가 공부했던 이론들이 그대로 적용되지 않는 경우가 많다. 또 병원마다 수행하는 간호 술기가 조금씩은 달라서 교과서에서 배운 내용 그대로 임상에서 적용되는 것도 아니다.

환자의 생명을 간호하는 간호사가 온전하게 간호할 수 없다는 생각이 들 때, 그 순간이 가장 힘든 순간인 것 같다. 하지만 그 누가 처음부터 일을 잘할 수 있겠는가? 10년 이상의 경력이 있는 간호사 선배님들 역시 매일 달라지는 의료 현장 속에서 배우면서 일을 하는 것은 마찬가지이다.

처음에는 기본적인 간호를 익히는 것에 집중하면서 다음부터는 일하면서 배우고 그 능력을 키워나가는 게 일반적인 간호사의 배움 과정이다. 그래서 처음 스스로 멘탈을 관리하면서 할 수 있다는 자신감을 가지고 간호에 임하는 것이 정말 중요하다. 자존감을 낮추지 말고 배우면서 할 수 있다는 마음가짐을 매일 새기면서 하루, 이틀 그렇게 앞으로 나아가다 보면 어느새 크게 성장해 있는 자신의 모습을 발견할 것이다. 처음이 힘들지 그 과정을 잘 극복하는 것도 너무나 중요한 순간들이다.

Q4
간호사를 그만두고 싶은
순간도 있나요?

우스갯소리로 간호사들은 항상 가슴속에 사직서를 품고 다닌 다는 말이 있다. 일명 간호사 '3의 법칙'을 농담처럼 얘기하곤 하는데, 신규간호사로 일한 지 3개월, 그 뒤 3년, 그리고 6년, 9년⋯ 간호사에게 매너리즘의 순간들이 3의 배수로 다가온 다는 뜻이 담겨있다.

신규간호사로 입사하면 2~3개월을 프리셉터 선생님에게 교 육을 받는데, 스스로 독립해서 간호업무를 수행해야 하는 시 기가 바로 3개월부터다. 그래서 혼자 한다는 그 부담감을 이 기지 못하고 3개월 만에 응급사직을 하는 경우도 있다.

어느 정도 일에 익숙해지는 시기는 간호사 3년 차 때다. 일이 익숙해짐과 동시에 이때는 '내가 과연 이 일을 평생 할 수 있 을까?'라는 생각을 한 번씩은 하게 된다. 왜냐하면 3교대를 하는 경우도 있고, 상근직으로 일하지만 일의 강도가 너무 높 아서 먼 미래를 바라보자니 조금이라도 젊을 때 사직하고 다 른 길을 찾아보는 경우도 있기 때문이다.

그리고 6년 차가 되었을 때는 결혼을 한다거나 학업을 계속

I am a nurse

이어나가 대학원에 간다거나 아니면 개인적인 여러 사유로 이직하거나 잠시 휴직을 하게 되는 경우가 많이 있다. 이러한 비일비재한 일들이 3년을 주기로 꼭 이루어지는 것은 아니지만 대게 그 시기쯤에 많이 이뤄지는 사직의 순간들로 꼽히곤 한다.

간호사로 일하는 순간들이 힘든 것은 사실이지만, 일이 힘든 건 괜찮다. 하지만 사람이 힘든 건 정말 견디기 힘든 순간이다. 함께 일하는 동료 선생님들 모두와 마음이 맞을 순 없다. 사람마다 생김새가 다르듯 성격도 모두 다른데, 특히나 간호사 집단에서 이기적인 마음을 가진 사람들이 더러 있다. 그래서 부서도 중요하지만, 그 부서에서 함께 일하는 동료 간호사를 잘 만나는 것도 자기 복이라는 말도 있다.

또 항상 마주치는 동료 선생님이 사소한 일에도 혼을 내거나 심하세는 인신공격을 하면서 소위 재가 될 때까지 태우는 행동을 보인다면 정말 견디기 힘든 순간이다. 문제는 그 태우는 간호사가 본인의 행동에는 정당하다는 것이다. 아무리 간호사 집단 자체에 태움 방지 행동 요령의 시정을 요구해도 개인들이 바뀌지 않으면 이 문화는 절대 바뀌지 않는다.

지금은 병원 자체적으로 심리상담센터나 도움을 요청할 수 있는 많은 소통의 장이 있기는 하지만 이미 태워져버린 그 마음을 어떻게 다시 되돌릴 수 있을까? 사람에 대해 신뢰를 잃고 자존감이 무너진다면 그것만큼 견디기 힘든 순간은 없는 것 같다.

꼭 해주고 싶은 말은 사람 때문에 힘들다면 결코 참기만 하지 말라는 것이다. 간호사는 이 사회 어느 곳에서나 필요로 하고 또 일할 기회가 넓게 퍼져있는 직업이다. 굳이 자기 마음고생을 하면서 한곳에 머무르기보다 내가 더 잘할 수 있는 곳, 나의 능력을 인정해주는 곳을 찾는 것도 하나의 방법이다. 굳이 공적으로 만나는 관계에 연연해 하지 말고 자기 자신의 마음을 챙겨 그 누구보다 스스로를 돌볼 수 있는 여유를 가지길 바란다.

때로는 단 한 번의 선택이 나의 인생을 좌우할 기회가 될 수 있다. 너무 걱정만 하다가 다가올 행복을 놓치지 않기를 바란다. 우리는 분명 소중한 존재이고 존중받아야 할 인격체이기 때문이다.

간호사의
필수 아이템

압박스타킹

간호사들 사이에서도 가장 IT 아이템이고 많이 사용하고 있다. 오래 서 있거나 많이 걸어야 하는 직업의 특성상 다리가 붓거나 혈액순환이 안 되는 경우가 많다. 그래서 평소 압박스타킹을 신어줌으로써 소중한 다리를 보호하고 있다.

3색 볼펜

예전보다는 수기 차팅이 많이 없어지고 대부분 전자의무기록으로 일을 처리하지만, 글로 작성해야 하는 일들이 빈번하게 있다. 공식적인 문서를 작성할 땐 검은색을 사용하고, 만약 잘못 쓴 경우에는 수정 테이프로 지우는 게 아니라 병원에서는 빨간색으로 2줄을 긋고 'error'라고 써야 한다. 그래서 은근히 빨간색을 쓰는 경우가 많다. 3색 볼펜 중에서도 검은색과 빨간색을 자주 쓰는 편이다. 공식문서가 아닌 일반 문서의 경우에는 수정 테이프도 많이 사용하는 편이다.

암막 커튼

3교대를 하는 간호사의 특성상 낮과 밤이 바뀌는 경우가 많다. 특히나 나이트 근무를 하고 퇴근하면 아침에 잠을 자는 경우가 많은데, 그럴 때 집에 암막 커튼이 있다면 충분한 숙면을 취하는 데 큰 도움이 된다. 교대 근무는 아무리 경험이 많더라도 완벽하게 적응하기가 어렵다. 빈번하게 바뀌는 생체리듬을 조금이라도 올바르게 유지하기 위해서는 스스로 컨디션을 잘 관리하는 것이 중요하다.

허리 · 손목 보호대

아픈 환자들을 간호하는 일을 하는 간호사이지만 정작 자신의 몸을 챙기지 못하는 경우가 많다. 움직일 수 없는 환자들의 체위변경을 할 때 손목과 특히 허리를 많이 사용하는데, 너무 과중한 힘을 싣거나 잘못된 자세로 환자를 옮기다 보면 자신의 몸이 망가지는 경우가 많다. 그래서 허리 보호대나 손목 보호대를 착용하는 경우도 많이 있다.

간호화

간호화의 종류는 정말 많다. 기본적인 흰색 스타일의 간호화도 있지만 실용성을 중요하게 생각하여 러닝화를 신고 편하게 일하는 경우도 있으며, 쿠션이나 에어가 들어간 신발을 신기도 한다. 수술실같이 피를 많이 흘리는 경우는 물로 닦아낼 수 있는 고무 소재의 크록스를 많이 신는다. 이처럼 각 근무 환경이나 자신의 발에 맞게 간호화를 신고 있다. 예전에는 간호화가 획일적으로 정해져 있었기도 했지만, 요즘에는 제약에 구애받지 않고 본인의 발에 맞는 신발을 신곤 한다.

의료용 가위

병원에서 볼펜만큼이나 사용 빈도가 높은 게 의료용 가위다. 반창고나 수액을 자른다거나 길이 조절이 필요한 상황에 의료용 가위가 많이 사용되는데 개인용으로 가지고 있다면 편하게 업무를 수행할 수 있다.

핸드크림

간호사가 하루에 손 위생을 몇 번이나 하는지 세어본다면 적어도 수십, 수백 번은 될 것이다. 알코올 젤을 바른다거나 손을 씻는 경우가 많기 때문에 쉽게 손이 트고 거칠어진다. 그래서 그만큼 핸드크림 사용 횟수도 많아지는데, 간호사 선물을 고민하고 있다면 무난하게 핸드크림을 전해주는 것도 하나의 좋은 방법이다.

손목시계

일상에서 특히나 간호사에게 손목시계는 간호하는 순간에 매우 유용하게 사용된다. 환자의 활력 징후를 측정할 때 1분간 호흡수를 체크하거나 약물 투약 시간 및 투여 후 시간이 지나 통증을 사정할 때 등이다. 손을 자주 씻기 때문에 일반 시계가 아니라 방수가 되는 시계라면 더욱 좋다.

다리 베개

퇴근 후 침대에 누워 다리 베개 위에 다리를 올려놓고 자면 '꿀잠'을 이룰 수 있다. 간호사의 다리는 무쇠 다리가 아니다. 그래서 하루종일 고생한 만큼 휴식도 충분히 가져야 한다. 다리를 적당히 올린 자세를 취하며 자는 것도 하나의 팁인데, 혈액이 과하게 다리로 쏠리는 것을 방지하여 부기를 뺄 수 있으며 다음 날 더욱 튼튼하게 걷게 하는 힘을 준다.

작은 수첩

간호 근무복 안에 쏙 들어가는 크기의 작은 수첩이 좋다. 처음 부서에 발령을 받거나 새로운 부서로 로테이션을 가는 경우, 방대한 업무를 머리로만 기억하기에는 한계가 있으니 사소한 것들이라도 메모하는 습관을 들인다면 부서에 금방 적응할 수 있다.

I am a nurse

Part 4 간호사가 말하는 간호사

1   남자 간호사의
       모든 것

간호사면 간호사지 왜 간호사라는 칭호 앞에 '남자'가 붙어서 남자 간호사를 콕 집어 말하는 것일까? 학생 때는 간호사의 인식을 바꿔보겠다고 "남자 간호사가 아니라 간호사입니다"라고 말하고 다녔던 기억이 있다. 하지만 곧 나는 오히려 그 시선들을 즐기게 되었는데 사실 자신이 어떻게 받아들이느냐에 따라서 스스로의 정체성을 확립하게 되는 것이다.

매년 남자 간호사의 수는 꾸준히 늘고 있다. 간호학과의 남자 입학률과 국가고시 합격률이 비례적으로 늘어가고 있으며 임상 현장에서도 남자 간호사의 수와 그 활동 범위가 넓어지고 있다.

그러나 간호사라는 직업의 인식이 '여자'에 국한되어 이미지가 떠오르는 것은 지금도 마찬가지로 남아있다. 병원에서도 보호자들과 직접 마주하는 외래나 병동에 남자 간호사가 배치되는 것보다 특수파트에 배정되는 비율이 더 높아서 여전히 남자 간호사를 만나기가 쉬운 일은 아니다.

간호 학생 실습복을 입고 환자에게 다가가 혈압과 맥박 그리고 호흡수 등 기본적인 건강검진을 할 때 보호자들이 단골로 물어보는 질문은 간호학과에 남자가 몇 명이 있는지다. 이런 질문을 마주하면 나는 사실 그대로 10% 정도 있다고 답했다. 그러면 어김없이 정말 멋진 선택을 했다는 격려의 말이 돌아왔다. 그런데 이 말은 사실 그대로다. 남자가 간호사를 선택한다는 것은 정말 멋진 일이고 그 누구나 할 수 없는 숭고한 일이다.

가끔 '내가 간호학과를 선택하지 않았다면 무엇을 하고 있었을까?'라는 생각을 자주 하곤 한다. 왜냐하면 나는 간호학과를 졸업한 후 곧바로 취업했기에 취업 준비에 대한 큰 스트레스를 받지 않았다. 그리고 막연하게 나중에 무슨 일을 할지에 대해 고민도 하지 않아서 정말 편하게 내가 바라보았던 간호사 그 자체의 일을 하고 있다.

그런데 주변 친구들을 바라보면 좋은 학교, 좋은 학과를 졸업하고도 정작 본인이 원하는 일을 하지 못하거나 찾지 못해서 방황하는 케이스들을 많이 보았다. 그러다가 세월과 함께 나이는 들어가고 결국 자신의 눈높이를 낮춰 현실과 타협하는 모습을 보고 안타까운 마음이 들었던 적이 한두 번이 아니다.

그럴 때마다 순탄대로 잘 걸어온 나의 길을 돌아보게 되고 내가 간호학과를 선택했던 그 한 번의 순간이 나의 인생을 바꾸어 놓았다는 것을 깨닫게 되었다. 내가 만약 간호학과를 선택하지 않았더라면 지금까지 경험했던 많은 순간들과 여러 사람을 만나지 못했을 것이다. 무엇보다도 다른 사람의 생명을 다루는, 남을 위해 일할 수 있는 일을 한다는 것에 감사함을 더욱 느끼고 있다.

나는 내가 하는 간호사라는 직업에 자부심을 가지고 있다. 누구나 할 수 없고, 매번 같은 상황이 벌어지지 않는 긴장의 연속 선상에서 일하는 직업이지만 우리 사회에서는 꼭 필요한 직업이다. 우리가 아니면 할 수 없는 대체 불가능한 직업이다.

간호사라고 해서 모두가 같은 간호사가 아니다. 간호사의 범주 안에 여자든 남자든 그 누가 되었든 결국 간호사의 정체성은 스스로가 만들어 나간다. 그러기에 주변의 시선은 접어두고 나 자신을 스스로 바라볼 수 있는 시선을 기를 수 있기를 바란다. 자신에게 확신이 있다면 그것은 곧 환자 한 명을 더 살릴 수 있는 용기가 된다.

남자라면 군대는
언제 가야 하나요?

대한민국 남자라면 국방의 의무를 다해야 한다. 간호사를 꿈꾸는 성인 남자라면 군대를 언제 갔다 와야 하는지도 큰 고민인데, 군대를 전역한 지 10년이 돼가는 나의 개인적인 생각으로 가장 베스트는 '가능한 한 빨리' 다녀오는 것이다. 그것도 의무병으로 말이다.

군대에는 육군, 해군, 공군, 해병대, 특전사 등 많은 종류로 나뉜다. 그 안에서도 보병, 포병, 공병, 수색대 등 많은 병과로 나뉘며 더 세부적으로 들어가 의무병, 운전병, 행정병 등 특수 보직으로도 배정받게 된다. 우리는 그 보직 중 '의무병'을 노려야 한다.

의무병은 특수보직으로 입영 신청 시 의무병을 미리 선택해서 신청할 수 있다. 하지만 신청한다고 모두 합격하는 것이 아니다. 특수보직에는 점수가 부여되어 높은 점수를 받은 사람부터 배정받게 된다. 그 점수에는 나이, 관련 학과 등으로 판별되는데 어느 정도 운이 따라줘야 한다.

대학교 4년을 다니면서 군대를 다녀오기 가장 좋은 타이밍은 1학년을 마치는 시점이다. 군대에 가는 것도 중요하지만 전역 후 복학하는 것이 더 중요하기 때문에 그 시점을 잘 맞춰야 한다. 현재 군 복무 기간은 약 550일로 전역하는 날짜를 잘 계산해서 2학년 1학기로 복학할 수 있도록 계획을 세우는 것이 필요하다. 1학년을 마치는 시점이 12월이라 가정하면 다음 해 8월까지 입대한다고 해도 2년 후 2월에 전역하므로 그 시기를 잘 결정해야 한다.

간호학과에서 1학년 때는 교양과목을 배우고 2학년부터 전 공기초를 시작하기 때문에 나중에 국가고시를 준비하는 연장 선으로 생각한다면 2~4학년을 휴학 없이 이어서 다니는 게 좋다. 그래야 공부하기도 더욱 수월하고 또 전역하더라도 함께 군대에 갔던 남자 동기들이 그대로 돌아오기 때문에 복학 후 학교 적응에도 도움이 된다.

하지만 본인이 병사가 아니라 장교로 가고 싶다는 욕심이 있다면 굳이 학과 중간에 휴학하고 갈 필요는 없다. 의무 장교 로 가기 위해서는 간호사 면허증이 있어야 하는데, 그 말은 곧 4학년을 졸업하고 국가고시에 합격한 뒤 장교로 가는 계 획이다. 장교로 갈 경우에는 병사보다 군 생활을 더 길게 해서 2년 4개월을 하게 된다. 그렇게 되면 이제 학과로의 복학 이 문제가 아니라 취업에서의 걱정이 다가오게 된다. 곧바로 취업한다면 고민이 없겠지만 취업은 그 누구도 예측할 수 없기 때문에 결국 선택은 본인의 몫이다.

최근 공공의료 체계 강화를 위하여 공중보건간호사제도를 도

입하고자 하는 목소리들이 나오고 있다. 공중보건간호사는 공중보건의사처럼 군입대 대신 의료취약지 병원에서 3년간 의무 복무하는 제도다. 메르스나 코로나19와 같이 국가안보 위협으로 규정된 재난적 감염병 상황에서 국가 보건 위기 대응을 위한 양질의 공공보건의료 인력 확충 및 보건의료 취약 지역에서의 다양한 역할을 기대할 것으로 보고 있는데 아직 법제화되지는 않고 있어서 더 지켜봐야 할 사항이기도 하다.

보통 취업을 할 때면 군대의 경력을 인정해준다. 그래서 함께 입사한 여자 동기들보다 2호봉을 높게 시작할 수 있다는 장점이 있다. 간호학과의 적성을 살려서 의무병으로 다녀오는 것이 곧 간호사로 일할 때도 큰 도움이 되기 때문에 반드시 의무병으로 지원하는 것을 적극적으로 추천한다. 하지만 의무병이 되지 못했다 하더라도 큰 문제는 없으니 너무 집착할 필요는 없이 최대한 빨리 다녀와서 사회생활에 적응하는 것이 심성에 좋을 것 같다.

남자 간호사의 비율은
보통 어떻게 되나요?

대한간호협회에 따르면 2017년 간호사 국가고시에서 남자 합격자 비율이 처음으로 10%를 넘었다. 최근 치러진 2022 년 간호사 국가고시에서는 남자 3,648명이 합격해 전체 합격 자 중 15.6%를 차지했다. 이에 따라 남자 간호사 수는 총 2만 8,194명이며 전체 면허 간호사 중 5%를 넘는 수치다. 이처럼 미스터 나이팅게일의 수는 점점 늘어나고 있다.

연도별	전체합격자 (명)	남자합격자 (명)	전체합격자 중 남자합격자 비율	전체 남자 간호사 (누적인원/명)
2004	10,739	121	1.1%	829
2005	11,643	244	2.1%	1,073
2006	10,495	219	2.1%	1,292
2007	11,956	387	3.2%	1,679
2008	11,333	449	4.0%	2,128
2009	11,717	617	5.3%	2,745
2010	11,857	642	5.4%	3,387
2011	12,519	837	6.7%	4,224
2012	12,840	959	7.5%	5,183
2013	12,987	1,019	7.8%	6,202
2014	15,458	1,241	8.0%	7,443
2015	15,743	1,366	8.7%	8,809
2016	17,505	1,733	9.9%	10,542
2017	19,473	2,134	10.96%	12,676

2018	19,927	2,344	11.8%	15,020
2019	20,615	2,843	13.8%	17,863
2020	21,582	3,179	14.7%	21,042
2021	21,741	3,504	16.1%	24,546
2022	23,362	3,648	15.6%	28,194

출처: 대한간호협회

보통 간호학과 학년당 남자 학생의 비율이 10~15% 정도를 차지했는데, 한 해에 배출되는 간호사 중 10%가 넘는 비율을 남자가 차지한다는 것은 정말 의미 있는 수치이다. 그리고 꾸준히 그 수치가 늘어나고 있다는 것은 남자 간호사의 영역이 더 넓어지고 있음을 의미한다.

우리나라 첫 남자 간호사는 1936년 삼육보건대학교의 전신인 서울위생병원 간호원 양성소에서 배출됐다. 이후 1961년까지 22명의 남자 간호사가 배출되었지만, 당시에는 여성만 면허를 받을 수 있어서 남자는 면허 인정을 받지 못했다. 그러던 중 1962년 국내 1호 남자 간호사가 면허를 인정받으면서 남자 간호사도 정식적으로 면허를 받고 간호사로 활동할 수 있었다.

이렇게 남자 간호사가 안정적으로 증가하고 있는 그 이유는 무엇일까? 시대적 흐름에 따라 간호사 직업에 대한 남자의 기피 현상이 줄었고, 간호학과 졸업 후 안정된 직장이 보장되기 때문이다. 최근 간호학과 신입생 중 20%가 넘는 비율이 남자 학생들로 채워지고 있다.

임상 현장에서도 남자 간호사의 비율과 역할이 점차 확대되고 있으며 점점 하나의 영역으로 그 영향력을 넓혀가고 있다. 먼저 임상에 나온 선배들이 남자 간호사의 터전을 잘 다져주고 있으니 후배 간호사들은 믿고 잘 따라오기만 하면 된다.

앞으로 더 능력 있고 출중한 남자 간호사들이 꾸준히 배출되어 세계 의료의 중심이 우리나라에서 시작되고 좋은 본보기가 되었으면 좋겠다. 이제는 간호사는 여자만의 직업이라는 인식은 없어지고 남자와 여자 모두가 공존하는 간호사 문화가 정립되고 있다.

남자 간호사의 취업률이
100%라는 게 사실인가요?

남자 간호사라고 해서 취업이 더 잘되는 것은 아니다. 상대적으로 여자보다 그 수가 적긴 하지만 그렇다고 더 우대받는다거나 가산점이 더 주어지는 것은 아니다. 엄연히 공정하고 공평한 기준으로 모두 똑같은 선상에서 평가받게 된다.

오히려 남자의 경우에는 병원 취업 시 군대를 전역해야 하는 조건이 대부분 붙기 때문에 군대를 다녀오지 못했을 때 제약이 걸리는 경우가 많다. 그래서 병원 취업 전에 군대를 빨리 다녀와서 걸림돌이 되지 않도록 해야 한다.

취업을 잘하고 싶다면 목표를 크게 잡으라고 말해주고 싶다. 목표를 넓고 크게 가진다면 그 목표가 깨진다고 하더라도 그 깨진 조각마저 큰 법이다. 그러므로 간호대학에서 학과 공부를 할 때부터 다방면의 병원들을 탐방하여 본인이 진정으로 원하는 병원을 목표로 삼아 공부를 하기 바란다.

고등학교 시절 어느 대학교에 가고 싶다는 목표를 잡고, 미리 캠퍼스 투어를 다녀오는 것과 마찬가지로 간호학과에서도 자신이 가고 싶은 병원을 목표로 잡고 미리 병원을 탐방하는 것도 좋은 방법이다. 그렇게 되면 그 병원에 합격하고 싶어서라도 더 노력하고 더 공부하여 병원 취업을 준비할 수 있다.

목표를 따라 조금씩 걷다 보면 분명 원하던 곳에 내가 서 있게 될 것이다. 그러기 위해선 매 순간에 최선을 다해야 하고 그 최선에 후회가 없도록 부단히 노력해야 한다.

Q4
남자 간호사의
강점은 무엇인가요?

아무래도 병원에서 근무하는 간호사의 비율이 여자가 월등히 높고 남자가 적기 때문에 남자 간호사들의 작은 행동도 간혹 크게 부풀려지는 경우가 있다. 좋은 일이라면 더없이 좋겠지만 그게 실수나 잘못된 행동이 된다면 오히려 독이 될 수 있다.

남자 간호사의 강점이라 한다면 일반적으로 강한 체력을 꼽을 수 있다. 그렇다고 힘쓰는 일만 하는 것이 아니다. 간호사의 업무는 남자, 여자 크게 비교하지 않고 모두 같은 일을 서로 나눠가면서 한다. 그래서 남자라고 더 힘든 일을 한다거나 더 어려운 부서로 배치가 된다는 선입견은 가지지 않아도 된다.

병원에서 근무하는 남자 간호사들의 수가 적기 때문에 남자 간호사들은 더욱 돈독해질 수 있다. 서로에게 의지하면서 병원 생활을 하곤 하는데, 규모가 큰 병원에는 남자간호사회가 있어서 정기적인 모임을 통하여 남자 간호사의 영역을 점점 더 넓혀가고 있다.

이 끈끈함으로 묶여 있어 간혹 병원에서 어려운 일이 있거나 다른 부서의 정보를 알고 싶을 때 서로 도움을 주고받는 연결 통로가 되어주고 있다. 점점 더 늘어나는 남자 간호사의 비율 덕분에 남자 간호사의 인식도 많이 개선되고 있으며 또 그 역할도 더욱 넓어지고 있다.

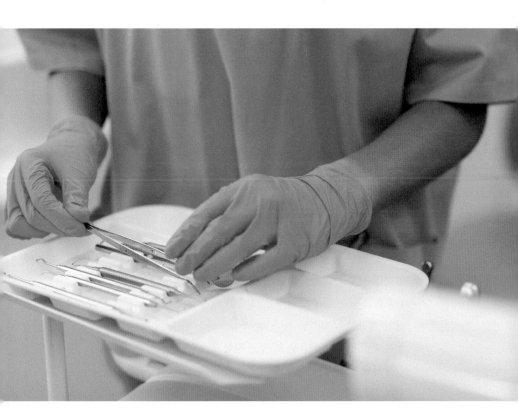

Q5
남자 간호사라서 겪는
고충이 있나요?

갈수록 남자 간호사의 비율이 증가하고는 있지만 아직도 병원에서 남자 간호사의 수는 여자 간호사에 비해 적은 편이다. 그래서 많은 병원에서 불편해하는 것 중 하나가 바로 탈의실이다. 부서마다 정해진 탈의실이 있는데 여자 간호사의 경우에는 부서 안에 있거나 넓은 공간을 쓰는 반면에 남자 간호사는 같은 부서원이 아니라 같은 병원 동료들이 공동으로 사용하는 탈의실 공간에서 옷을 갈아입는 경우가 많다.

이것도 병원마다 모두 다르게 적용되지만 그래도 예전에 비해 남자 간호사의 복지가 많이 좋아지고 있는 편이다. 아무래도 비율이 적은 편에 속하다 보니 어쩔 수 없이 양보하거나 조금의 불편함을 감수해야 하는 경우들이 있다.

일하면서 겪는 고충들을 보자면, 여자 간호사와 같이 환자를 간호하는 같은 업무를 하지만 그 간호 활동 중에서도 조금 민감한 상황이 생기기도 한다. 남자 간호사는 한 명의 사람 자체를 간호한다는 마음을 가지고 일하지만, 간호받는 환자의 입장에서 남자 간호사가 다가오면 조금 부담스러운 경우가 있다.

그 예로는 대표적으로 산부인과 부서에서의 경우를 들 수 있다. 산과나 부인과적 수술을 받은 후 수술실이나 회복실에서 남자 간호사가 담당할 경우 환자의 신체 부위를 보여준다는 것에 대한 거부감을 느낄 수 있다. 그래서 보통 산부인과 병동에는 남자 간호사보다 여자 간호사가 더 많이 배치되고 있다.

물론, 여자 환자가 많은 파트라고 해서 남자 간호사 배정이 아예 안 이뤄지는 것은 아니다. 배정되더라도 성별을 떠나 간호사라면 모두 다 같은 일을 하므로 특별한 선입견을 가지지 않고 환자 그 자체를 간호한다는 마음으로 일하고 있다,

다만 환자들이 여자 간호사를 원할 경우에는 충분히 그 의견을 고려하여 인력을 배치할 수 있다. 남자의 경우에도 남자의 민감한 부위를 여자 간호사에게 보여줄 수 없거나 여자 간호사가 하기 힘든 일이 있으면 남자 간호사가 대신 배정받아 간호하기도 한다.

이렇듯 환자를 간호한다는 것 그 자체에는 선입견을 가지지 않되, 최대한 환자를 배려하면서 간호하게 된다. 남자 간호사의 비율이 낮더라도 그 안에서 남자 간호사는 똑같이 간호사의 역할을 할 뿐이다. 그렇기에 남자 간호사들도 환자와의 교감을 통해서 간호를 수행하는 방법을 익힌다면 여러 상황에서 적절하게 대처할 수 있는 능력을 기를 수 있을 것이다.

Q6
간호사를 희망하는
남학생 후배들에게 한마디 한다면?

"앞으로 일어날 일은 지금 일어난 일에 의해 결정된다."

무슨 일을 하면서 고민이 있거나 걱정이 있을 때 마음속의 책 갈피를 펼쳐 되새기는 말이다. 만약 지금 간호학과 진학을 고민하고 있거나 혹은 간호학과에 다니고 있거나, 그리고 간호사로서 첫발을 내딛기 위해 준비 중인 남자 간호사를 꿈꾸는 모든 이에게 희망의 말로 전달되었으면 좋겠다.

현재 간호사로서 환자 곁에서 묵묵히 간호할 수 있는 것은 내가 간호학과를 선택한 덕분이다. 또 내가 병원에서 일할 수 있고 나의 이야기를 여러 사람에게 전할 수 있었던 배경에도 간호학과가 있다.

사람마다 모두 똑같은 길을 걸어갈 순 없다. 말하고 싶은 것은 간호학과라는 같은 길 위에서 시작했더라도 저마다의 페이스가 다르고 생각이 다르며 추구하고자 하는 방향이 가지각색이기 때문에 같은 간호학과에서 출발했더라도 그 끝은 모두가 다르다. 같은 간호사일지라도 모두 다른 모습으로, 자기만의 간호를 하는 것이다.

그런데 확실하게 말할 수 있는 것은 간호학과를 졸업한다면 나는 그 무엇이든 할 수 있는, 자신을 브랜드화할 수 있는 다양한 길이 펼쳐진다는 것이다. 자신만의 가치를 정립시키고 그 안에서 스스로의 색을 표현할 수 있다면 앞으로의 일들은 지금 내가 표현하고자 하는 색들이 함께 어우러져 7가지의 무지개색 그 이상을 보여줄 수 있다.

그러니 너무 걱정만 하다가 다가오는 행복을 놓치지 않았으면 좋겠다. 먼저 간호학과에 관심을 가지게 되었다면 그것만으로도 반절 이상은 했다고 생각한다. 왜냐하면 남자로서 간호학과를 선택한다는 것이 결코 쉬운 일만은 아니기 때문이다. 누군가는 관심조차 가지지 못하고 진정 자신이 무엇이 되고 싶은지, 어떤 일을 하고자 하는 것인지조차 정립하지 못한 채 그저 누군가의 이끌림으로 나아가는 중일 수도 있다.

앞날이 어떻게 펼쳐질지는 그 누구도 예측할 수 없지만 예상할 수는 있다. 그 예상이 크게 빗나가지 않도록 모든 순간과 기회에 선택과 집중을 해서 지금의 일들이 앞으로의 좋은 일들로 이어질 수 있도록 해야 한다.

비전 있는
간호사

대학교 3학년 때, 미국으로 어학연수를 다녀왔다. 처음으로 발을 디딘 아메리카 대륙에서 당시 나에게는 너무 높은 학교 선배님을 만날 수 있었다. 그분은 대학을 졸업하고 대학병원에서 임상경력을 쌓은 후 미국 간호사 시험인 NCLEX-RN 시험에 합격하여 미국 필라델피아에서 간호사로 일하고 있었다.

한국인이 미국에서 간호사로 일하는 모습은 내게 처음이었다. 그래서 신기한 것도 많았고 궁금한 점도 많았다. 미국에서 일하게 된 계기와 시험은 어떻게 준비했으며 의사소통도 잘 안 되는 미국에서 일할 수 있는 원동력은 무엇인지 등 질문의 꼬리에 꼬리를 물어 정말 많은 대화를 나눴던 기억이 있다.

물론 우리나라를 벗어나 해외에서 간호사로 활동한다고 모두가 잘했다거나 더 좋다는 것은 아니다. 하지만 누구나 생각은 했지만, 그것을 실천으로 옮긴다는 것은 정말 대단한 일인 것 같다. 주변에 보면 미국 간호사 면허증은 있지만 실제로 그 면허증을 활용하여 미국에서 일하는 간호사는 많지 않다.

한 가지 아쉬운 점은 나도 간호학과를 졸업하자마자 미국 간호사 시험을 준비했으면 어땠을까 하는 것으로 작은 후회가 남는다. 그렇다고 당장 미국으로 떠나 그곳에 정착하여 일하겠다는 것은 아니지만, 많은 도전 중에서 미국 간호사로서의 도전도 매력적인 부분 중 하나인 것 같다.

사실 우리나라에서 간호사의 복지와 대우가 좋은 편은 아니라서 많은 한국인 간호사가 미국 간호사로서의 준비를 한다. 누구나 같은 업무를 하면서 더 좋은 복지와 대우받기를 원하지 않겠는가. 그런데 생각을 한 번만 바꿔 내가 간호를 하고 싶은지 아니면 대우를 받기 위함인지 바라보면 된다.

낯선 해외로 떠나 고향의 향수를 느끼는 것보다 우리나라 간호사로 활동하면서 그 안의 또 다른 비전을 찾아 나간다면 그것도 정말 멋진 일이라 할 수 있다. 아직도 갈 길이 먼 간호사의 복지를 증진하기 위해 간호사를 간호하는 간호사가 될 수도 있고, 더욱 깨어있는 간호 인력을 양성하기 위해 교직에 몸담을 수도 있다. 때로는 직접 법안을 제안하고 발의하는 정치적 활동가가 될 수 있으며 좁게는 병원 안에서 구조적 프로세스를 변화시키는 능동적인 일에도 참여할 수 있다.

모두가 같은 상황이 될 수 없겠지만 자신에게 주어진 환경을 최대한 활용하여 미래를 그려 나간다면 그 또한 비전 있는 간호사로 비상할 수 있는 디딤돌이 되고 원동력이 될 수 있다. 자신이 무엇을 원하는지, 어떤 간호사가 되고 싶은지는 결국 많은 경험을 접해보며 그 과정에서 찾아 나가는 것 같다.

과정에서 넘어짐을 두려워하지 말자. 내가 추구하는 길 위에
서는 실수도, 실패도 할 수 있다. 하지만 과정이 두려워 아무
것도 하지 않는다면 결코 일어날 일도 일어나지 않는다.

Q1
병원 내 뻗어 나갈 수 있는
진로가 있나요?

대학병원 안에서 다양한 역할을 할 수 있는 간호사의 역할과 진로에 대하여 살펴보고자 한다. 일반병원과 종합병원 등에서도 다양한 일을 할 수 있지만 대학병원에서는 조금 더 포괄적인 업무와 연구도 함께 할 수 있기에 대학병원 내 간호사의 모습을 그려보겠다.

먼저 대학병원이란 대학교의 의과대학이나 의학전문대학원에 속해 의학 연구와 교육을 위해 설립된 병원을 말한다. 의대 및 간호학과의 실습과 의료진들의 임상 연구 등 교육과 연구를 주로 하면서 환자들의 질병 치료뿐만이 아니라 다양한 의학 발전을 위한 연구를 하고 있다.

여기에서 대부분의 대학병원 간호사들은 병동과 외래, 중환자실, 수술실 및 응급실 그리고 다양한 검사실에서 아픈 환자들의 건강을 예방하고 간호하는 일을 담당한다. 대부분 사람이 알고 있는 간호사의 모습들을 이런 부서 안에서 볼 수 있는데 조금 더 깊게 들어가 보면 더욱 다양한 역할을 하고 있다.

1. 교육 간호사

직원들의 정기 안전교육 및 심폐소생술, 그리고 신규간호사들의 공통교육을 담당한다. 환자들을 직접적으로 치료하기보다 간호교육을 전문적으로 담당한다.

2. 설명 간호사

환자들이 외래나 병동에서 미처 듣지 못했던 정보가 있다면 설명 간호사를 통해 더욱 자세하고 구체적인 의료 정보를 들을 수 있다.

3. 보험심사 간호사

보험만을 담당하는 간호사이다. 복잡하고 어려운 보험에 대해 전반적으로 설명해 주며 효율적으로 보험처리가 될 수 있도록 도와준다.

4. IV 전담간호사

IV Intravenous Injection 란 정맥주사를 말한다. 일반적으로 입원하거나 수술할 경우 수액을 주입하기 위하여 정맥을 잡게 되는데, 어린아이나 노인 그리고 혈관이 잘 보이지 않는 환자들은 한 번에 잡기가 어려운 경우가 많다. 그럴 때 IV만 담당해주는 IV 전담간호사가 있다. 그래서 병원 안에서 여러 병동이나 부서를 돌아다니며 정맥주사를 놓는 역할을 한다.

5. 국제업무 담당 간호사

세계의 장벽이 무색해지는 요즘, 정말 많은 외국인 환자들이 대한민국의 병원을 찾아오고 있다. 그럴 때 영어, 아랍어, 러시아어 등 외국인과의 원활한 의사소통을 하며 병원의 진료를 지원하는 국제업무 담당 간호사도 있다.

6. 연구 간호사

앞서 말했듯이 대학병원은 환자의 치료뿐만이 아니라 의학 연구도 함께하고 있다. 그래서 하나의 연구를 담당하는 교수님 팀에 소속되어 연구를 진행하는 연구 간호사도 있다. 보통 연구 간호사를 CRC Clinical Research Coordinator 라고 부른다.

교수님의 단독 연구도 진행하지만, 제약회사와 연계하여 신약 물질을 개발 및 연구하는 일도 많이 한다. 동물실험 등을 거쳐 신약이 개발되는데, 신약의 유효성이나 안정성을 확인 및 검증하는 단계를 함께 협업하여 진행한다. 임상 연구에 참여하는 대상자가 적합한 조건을 가졌는지를 검증하고 임상 연구가 진행되는 동안 임상 대상자의 스케줄을 관리한다. 그리고 약 복용법에 대하여 교육하고 투약 후 이상 반응 관찰 및 효과를 종합적으로 기록하면서 연구를 진행한다.

이렇듯 대학병원 안에서는 일반적으로 생각하는 간호사의 모습뿐만이 아니라 더욱 다양하고 세분화된 역할을 담당하는 간호사가 존재한다. 위에 소개한 간호사들은 대부분 3교대가 아니라 상근직으로 일하고 있어서 일에 대한 부담감도 많이 적은 편이다. 자신이 배치된 부서가 맞지 않거나 3교대가 많이 힘들 경우 무조건 사직을 먼저 생각하는 게 아니라, 병원 안에서 근무 교대를 통하여 더욱 다양한 역할을 해보며 자신에게 맞는 부서를 찾는 것도 하나의 방법이 될 수 있다.

Q2
반대로 병원 외
나아갈 진로가 있나요?

간호사로서 병원뿐만 아니라 다양한 곳에서 일을 할 수 있다. 앞서 간호사의 다양한 길을 여러 차례 언급한 바 있는데, 다시 한번 간호사의 무궁무진한 진로를 정리하면 다음과 같다.

1. 보건직 공무원
크게 간호직, 보건직 공무원으로 나뉜다. 정부의 공공의료 서비스 기관에서 지역사회 주민들의 건강 증진 및 금연, 예방교육 등 다양한 일을 하게 된다.

2. 보건진료전담 공무원
농어촌 등 의료취약 지역의 보건진료소에서 주민들의 건강을 관리하고 진료하는 1차 의료를 담당한다. 만성 질병 환자의 건강관리 및 전염병 예방접종을 실시한다. 이 외에도 환경관리 및 영양개선, 가족계획 등 공중보건에 대한 교육 및 상담을 한다.

3. 보건교사
초, 중, 고등학교 보건실에서 근무하며 학교 내 전염병 예방, 학생들의 성교육 및 금연교육 등 전반적인 건강관리와 상담을 진행한다.

4. 간호장교

군대 의무대에 소속되어 군병원 및 군부대에서 의무에 관련된 작전 및 업무를 담당한다. 학사 장교 임관 및 간호학과 졸업 후 간호사 면허증을 취득해야만 지원이 가능하다. 국군사관학교를 졸업하면 의무적으로 일정 기간 간호장교로 복무하여야 한다. 남자의 경우 간호장교를 통하여 군 복무를 할 수 있다.

5. 어린이집 운영

보육교사 자격을 취득한 후 어린이집을 직접 운영할 수 있다.

6. 공공기관 간호사

간호직과 심사직사무직으로 나뉜다. 건강보험 심사평가원, 국민건강보험공단, 국민연금공단, 근로복지공단, 대한적십자사, 보건소 등 다양한 공공기관에서 일할 수 있다.

7. 가정방문 간호사

만성질환자, 저소득층 노인, 장애인, 신생아 및 거동이 불편하신 분들을 대상으로 가정에 직접 방문하여 간호 활동을 한다. 주치의와 연계하여 환자의 건강 상태를 확인하고 응급상황 예방과 질병의 악화를 방지한다.

8. 보험심사 간호사

진료 내역의 적정성 여부를 심사 및 평가한다. 의료 서비스의 제공 내역과 그와 관련된 진료비, 그리고 보험 기준과 절차에 대하여 설명하고 교육한다. 수집된 진료통계를 통하여 다양한 진료행태에 대한 연구를 하고 보건정책을 제안한다.

9. 산업 간호사

대기업, 중소기업 등 기업체의 건강관리실에 취업하여 직원들의 건강관리나 건강 관련 데이터를 주로 통계하여 다양한 교육을 진행한다.

10. 연구 간호사

의약품 임상시험관리기준의 원칙에 따라 임상시험 자료를 수집, 기록, 유지한다. 임상시험 시작을 위해 예산 편성, 계획서 작성, 시설 및 장비 활용 가능성을 검토한다. 임상시험 대상자를 모집하고 대상자의 스케줄 및 건강을 관리하여 임상시험이 성공적으로 이루어질 수 있도록 다양한 연구를 진행한다.

11. 국제 간호사

미국 간호사 면허 시험 NCLEX-RN 등에 응시하여 해외에서 일할 수 있는 국제 간호사로 활동할 수 있다. 뿐만 아니라 NGO, WHO, UNICEF 등 국제기구에서도 일할 수 있다.

12. 항공 간호사

국내뿐만 아니라 해외 항공사의 승무원으로도 취업할 수 있다. 항공기로 이송되는 응급환자를 간호하거나 승객과 승무원, 공항 이용객의 건강관리와 보건교육을 담당한다.

13. 교직원

간호학과에서 학사 졸업 후 대학원에 진학하여 석사 및 박사 과정을 통하여 지속적인 간호를 연구하고 공부할 수 있다. 대학교에서 교수로 활동하면서 학생들을 지도하며 간호교육 책임자로서 역할을 수행한다.

14. 창업

요양원을 포함하여 다양한 복지 분야의 복지시설을 개원하여 대상자의 건강상담 및 심리재활 등을 도울 수 있다.

또 다른 예로 간호사 면허증 취득 후 보건복지부 장관 지정 의료기관에서 1년간 조산사 수습과정을 이수하여 조산사 국가고시 시험에 합격하면 조산사로 활동할 수 있는데, 조산원을 창업할 수 있다. 조산원에서는 조산과 임부, 신생아를 대상으로 간호 활동을 하며 교육 및 상담을 진행한다.

15. 제약회사

제약회사에 일하면서 신약 연구 개발 및 제품 홍보 담당 업무를 할 수 있다.

Q3

외국에서도
간호사를 할 수 있나요?

간호사로 활동할 수 있는 범위는 우리나라뿐만이 아니라 미
국, 영국, 호주, 아랍에미리트 등 다양하다. 이렇게 외국에서
간호사로 일하기 위해서는 몇 가지 조건이 필요하다. 가장
기본적으로는 간호사 면허가 필요하고 그 나라의 비자도 필
요하다. 그리고 그 나라만의 간호사 면허를 추가로 취득해야
한다.

면허 발급기관 및 기준은 나라마다 다르다. 우리나라에서
는 간호학과에서 소정의 이론과 실습을 이수한 후 간호사
국가고시에 합격해야 보건복지부 장관 명의 간호사 면허증
이 나온다. 미국의 경우에는 각 주의 Nursing Board, 영국은
NMC Nursing Midwifery Council , 아랍에미리트는 DHA Dubai Health Authority 에서 간호사 면허증을 발급한다.

같은 간호를 하더라도 나라마다 시험 방식과 기준이 다르기
때문에 본인이 가고자 하는 나라가 있다면 최대한 최신 정보
를 바탕으로 준비하는 것이 가장 중요하다. 무엇보다도 그 나
라에서 일하기 위해서는 취업 비자가 나와야 한다. 해당 병원
에서 비자 스폰서십을 지원해 주는지를 확인하면 더욱 수월

하게 준비할 수 있다.

미국의 경우에는 병원에서 직접 간호사를 채용하여 비자를 발급해주는 곳도 있지만 통상적으로 많이 쓰이는 방법은 에이전시를 통한 취업이다. 먼저 에이전시에 고용되어 EB3 Employment Based Visa Type 3 비자를 가지고 병원에 취업하게 된다.

생각보다 외국에서는 다양한 국적을 가진 간호사들이 많이 일하고 있다. 그리고 다른 나라 간호사에 대한 인식도 좋고 간호사 자체로서의 위상도 높이 평가되기 때문에 언어적 소통과 환경 변화에 대한 적응만 잘할 수 있다면 과감하게 도전하는 것도 좋을 것 같다.

우리나라에서는 대부분 미국으로 많이 가서 일하는 편이다. 미국은 우리나라보다 간호사에 대한 인식이 월등히 높아 신뢰 높은 직업으로 평가받고 있다. 신용점수가 매우 중요한 미국에서 신용카드 발급, 대출 등 본인의 신용을 평가받을 때 간호사 직업을 가지고 있다면 높은 점수를 받는 것도 하나의 좋은 예가 될 수 있다.

또한 의사와 수직적인 관계로 평가되고 있는 우리나라에 비해 미국에서는 의사와 수평적인 평등한 인식 구조로 되어 있다. 환자의 증상을 평가할 때도 다학제적인 접근으로 서로의 의견을 공유하고 의사는 간호사에게 많이 의존하기도 한다.

무엇보다도 간호사 1명당 담당하는 환자의 수가 우리나라보다 적으면서 월급은 더 많이 받는다. 그리고 휴가의 사용에도 크게 눈치 보지 않으며 장기휴가를 매년 나갈 수 있다는 장점도 있다. 그것도 1~2주가 아닌 한 달 혹은 그 이상으로도 본인이 스케줄 조정만 잘한다면 문제없이 사용할 수 있다.

이렇게 의료 현장의 모습이 우리나라와 명확하게 비교되는 것을 보자니, 아직은 우리나라도 가야 할 길이 멀다는 생각이 들기도 한다. 그만큼 간호사의 목소리를 더 높여야 하는 이유이기도 하고 의료진이 건강해야 환자도 건강하다는 것을 자각할 필요가 있다.

만약 본인이 우리나라뿐만이 아니라 외국에서도 간호사를 하고 싶다면 미리 어느 정도의 청사진을 그려보는 게 좋다. 간호학과 시절 공부했던 내용이 곧 시험 문제로 비슷하게 나오기 때문에 우리나라에서 간호사 국가고시에 합격한 후에 곧바로 외국 간호사 시험을 함께 준비한다면 더욱 수월하게 공부할 수 있다. 자신의 미래가 어떻게 그려질지 모르니 나중에 기회가 왔을 때 그 기회를 잡기 위해서 미리 외국 간호사 면허증을 취득한 동기들도 정말 많다.

외국 간호사 면허증을 취득했다고 해서 한국을 아예 떠나는 것은 아니다. 오히려 외국에서의 간호사 경험이 자신의 커리어에 더 큰 도움이 될 수 있고 기회가 된다면 외국에서 일하면서 대학원도 함께 다닐 수 있다.

결국, 기회는 준비된 자가 잡는 법이다. 한 번의 선택으로 그 선택의 꼬리에 꼬리를 물어 자신의 앞날을 그려 나가는 것이기 때문에 더 큰 세상을 만나고 더 많은 경험을 하기 위해서라도 계속 도전을 이어 나갔으면 좋겠다.

3 미래의
간호사

어제의 간호가 오늘은 틀릴 수 있고 오늘의 간호가 내일은 틀릴 수 있다. 그만큼 의료 간호는 빠르게 발전하고 미래지향적으로 걸어나가고 있다. 19세기, 등불을 들고 환자를 간호했던 등불의 여인 나이팅게일을 4차 산업혁명의 길 위에 서 있는 내가 바라볼 때 그 당시의 전쟁 간호는 정말 무지막지하고 과감하다.

10년, 50년, 그리고 100년이 지나고서 오늘의 간호를 생각해 보면 어떤 모습으로 그려질까? 아마 '저렇게 간호했다고?', '어떻게 저렇게 했지?'라고 감탄할 것들이 한두 가지가 아닐 것이다.

하지만 미래의 간호는 오늘의 간호가 있었기에 가능할 것이고 오늘의 간호는 과거의 간호 역사가 쌓여서 만들어진 모습이다. 우리 간호사는 그 역사의 간호 안에서 지속적인 학문 연구와 개발 그리고 공부를 통해 환자 곁을 지켜왔다.

시대가 변해도 간호사의 숙명은 변하지 않는다. 환자의 안위를 살피고 건강한 삶을 이어 나갈 수 있도록 옆에서 함께 있어

주는 것이다. 머리로는 인지하고 마음으로 공감해야 하는 전
인적인 활동들을 과연 인간이 아닌 로봇이 대체할 수 있을까?

간호사는 인간만이 할 수 있는 고유의 영역이며 우리가 간직
하고 이어 나가야 할 산물들이다. 최첨단으로 구성된 많은 기
계가 우리를 도와줄 순 있어도 대체할 순 없다. 그래서 우리
는 우리 간호에 대한 전문가가 되어야 한다. 그저 그런 모습
으로 현재에 안주해 있지 말고 꾸준히 생각하고 생각의 끝에
는 실천으로 이어져야 한다.

분명한 것은 오늘 변하지 않으면 미래도 변하지 않는다.

Q1
4차 산업혁명으로 인한
간호사 역할의 변화가 있나요?

4차 산업혁명은 정보통신 기술ICT의 융합으로 산업혁명 이후 네 번째로 중요한 산업 시대이다. 이 혁명의 핵심은 빅데이터 분석, 인공지능, 로봇공학, 사물인터넷, 무인 운송수단, 3차원 인쇄, 나노 기술과 같은 7대 분야에서 새로운 기술 혁신이다.

4차 산업혁명의 물결 속에서 간호의 미래 전략과 첨단기술을 활용한 간호업무의 효율성을 높이기 위해서는 어떤 방향으로 나아가야 하고 어떤 준비를 해야 하는지를 파악해야 한다. 그 중심에는 간호사가 환자에게 최적의 간호를 제공할 수 있는 환경과 기술을 최대한 조합하여 소비자 중심의 간호가 되어 야 한다고 생각한다.

물론 지금도 병원에서는 환자들을 대할 때 단순히 아픈 곳만 을 치료하는 것이 아니라 한 명의 고객, 소비자임을 생각하며 최대한 맞춤형 건강관리를 지원하고 있다. 또 병원과 지역사 회의 연계를 통하여 평생 건강관리를 책임지고 근거 기반 중 심의 간호를 제공함으로써 질 높은 의료 서비스를 확충해 나 가고 있다.

하지만 4차 산업혁명이 혁신적으로 이루어지고 일상의 한 부분으로 자연스럽게 여겨지는 미래의 시대는 아마 간호사의 업무 피로도를 줄이고 지금보다도 더 첨단화된 자동화 시스템의 간호가 이루어질 것이다. 특히 사물인터넷IOT 은 간호업무의 편의성을 도울 수 있는 시스템으로 자리 잡을 것이다.

환자에게 혈압과 맥박, 산소포화도를 측정하면 간호사가 별도로 기록을 적지 않더라도 자동으로 전자의무기록EMR 에 연동되어 간호기록이 될 것이며 간호업무를 도와줄 수 있는 로봇이 업무를 분담함으로써 간호사의 육체적 피로도를 감소시킬 수 있을 것이다.

환자의 활력 징후 측정과 신체 계측, 체위 변경과 이동 보조, 낙상 예방 등 다양한 분야에서의 간호사 업무를 나눌 수 있겠지만 그래도 로봇이 대체할 수 없는 부분이 있다. 바로 환자와의 감정 교류이다. 간호에는 정서적인 부분이 매우 중요하고 또 많은 비중을 차지하고 있다. 사람과 사람 사이에는 감정이 오고 가는데 이것은 로봇이 대체할 수 없을 것이다. 그래서 간호사가 미래에도 없어지지 않을 직업 중 상위권에 속하는 것이다.

4차 산업혁명으로 나아가고 있고 지금도 진행 중인 시점에서 간호사의 역할은 새로운 것을 받아들일 준비를 하는 것이다. 병원이라는 한정적인 공간 안에서 간호학문과 타 학문 간의 교류를 통하여 더욱 효율적이고 최적화된 간호업무 로봇 시스템을 구축해야 한다. 비용적인 측면도 고려하여 원가절감

을 통한 간호의 수익성을 창출할 수 있어야 하며 보건계열에
서 간호사의 위상을 높여 먼저 미래로 다가갈 수 있는 준비된
간호를 수행해야 한다.

의료의 전망은
어떠한가요?

의료진이 가장 활발하게 활동하는 병원에서 상당 부분의 일들이 기계로 대체되거나 도움을 많이 받고 있다. 환자를 진찰하는 초음파나 몸을 검사하는 CT, MRI 등 기계는 해가 바뀔수록 더욱 선명해지고 더욱 정교해지고 있다.

수술실에서 진단검사의학과로 환자의 혈액을 보낼 때나 검사를 할 때도 사람이 옮기던 단순노동에서 이제는 기계를 통해 운반하거나 1분도 안 돼서 결과가 나오는 기계를 통해 검사를 진행한다. 어쩌면 미래에는 직접 환자의 혈액을 채취하지 않고도 바로 검사 결과를 확인할 수 있는 시대가 올 수도 있다.

인간의 전유물이라 생각되었던 노동 현장에서의 모습과 학습의 영역들이 이제 로봇으로 이어지는 광범위한 부분으로 자리 잡아가고 있다. 간편하고 정확하며 노동의 강도를 줄일 수 있는 여러 방법이 이미 정착되어 가고 있는데 이러한 입지가 과연 줄어들 수 있을까? 늘었으면 더 늘어나지 줄어들기란 정말 쉬운 일이 아닐 것이다.

이미 의료 현장에서는 기계가 신속하게 검사 결과를 알려주는 기계가 있다. 바로 심전도다. 사람의 심장 박동수에 따라 환자의 건강 상태를 판단할 수 있는 심전도는 전문적으로 학습하지 않은 사람은 판독하기란 정말 어렵다. 그런데 학습기능이 있고 미세한 부분까지 찾아낼 수 있는 기계를 통하여 심전도를 찍음과 동시에 그 판독 결과를 함께 볼 수 있다.

감히 예상하는데 미래 병원에서 상당수의 검사 결과와 수술실에서는 로봇에 의존하게 될 것이다. 응급수술이 필요한 환자의 경우 X-ray와 CT, MRI는 촬영과 동시에 어느 부분에 병변이 있고 어떠한 접근법으로 수술적 치료가 필요한지에 대한 판독은 로봇이 대체할 수 있다고 생각한다.

간편화, 자동화, 정교함 등의 장점을 갖추고 있는 로봇이 이렇게 의료 업무를 도와줄 수는 있지만 여기에 수반한 문제점들도 있기 마련이다. 사람이 하지 않은 판독과 수술의 접근법들이라서 자칫 결과가 잘못되었을 경우 그에 대한 책임을 물을 수 없다는 것이다.

인간은 인간이라 실수를 할 수 있지만 로봇에게는 그 실수가 용납될 수 없는 부분이기도 하다. 그래서 그 책임감이 더 무겁게 다가올 수밖에 없다. 무엇보다 사람의 생명을 담보로 하기에는 더욱 엄중해질 수밖에 없다.

언론이나 많은 논문에서는 미래 의료진들의 입지가 좁아질 거라 말하고 있지만, 결국 로봇을 사용하고 로봇의 판단을 근거로 의료적 행위를 하는 주체는 의료진들이기에 전망이 어둡다고 할 수만은 없다.

의료에는 수많은 윤리적인 문제가 항상 동행하기 때문에 환자 치료의 명확한 가이드라인과 새로운 패러다임에 맞춘 의료정책이 항상 우선되어야 한다. 그래서 미래의 의료는 인공지능 로봇과 컴퓨터로 인해 없어지는 것이 아니라 달라지는 것이라고 말하고 싶다.

로봇이 간호하는
시대가 올까요?

현재 우리나라에서 로봇 수술을 가장 많이 하고 꾸준히 연구,
개발하는 곳이 신촌세브란스병원이다. 세브란스병원은 2021
년 로봇 수술 1만 사례를 달성하며 해외에서도 로봇 수술을
배우러 올 정도로 수준 높은 수술을 이어오고 있다.

일반인들은 로봇 수술을 한다고 하면 영화 아이언맨과 같은
로봇이 직접 수술을 집도한다고 생각하는 경우가 많지만, 실
제 병원에서의 로봇 수술은 수술대에 로봇 기구를 고정하고
담당 교수님이 수술대 밖에서 그 기구를 조종하며 수술을 집
도하는 방식으로 한다.

일반 수술보다 로봇 수술을 더 선호하는 이유는 로봇은 사람
과 같이 미세한 떨림 없이 깔끔한 수술이 가능하다는 큰 장점
이 있기 때문이다. 좁은 공간을 더욱 확대하여 수술할 수 있
고 그만큼 미세한 부분의 종양까지도 잘 제거할 수 있다.

의료계에서는 매년 국제 로봇 수술 심포지엄International Robotic
Surgery Live, IRSL 을 개최하여 해가 지날수록 더욱 고도화되는 로
봇 수술에 대해 논의를 한다. 2022년 가장 최신화된 로봇 수

술 단계는 혼합 현실 프로그램을 활용해 수술하는 것이다.

의료진이 홀로렌즈Hololens 를 머리에 착용하고 증강 현실Aug-
mented Reality, AR 과 가상 현실Virtual Reality, VR 을 결합하여 혼합 현실
Mixed Reality MR 에 들어가 환자의 MRI, CT 등의 검사 영상을 수
술 중 실시간으로 확인할 수 있다.

혼합 현실 기술이 구현된 스마트 수술실에서는 수술 중 실시
간으로 검사 영상 등을 보면서 수술이 가능하며, 수술실 내부
의 의료진과 외부에 있는 참관자와의 의사소통이 가능한 환
경을 제공하여 교육 목적으로도 충분히 활용할 수 있다.

이렇듯 로봇은 현대사회에서 가장 핵심 기술 중 하나라고 할
수 있으며 미래의 기술을 선도하는 역할을 하는 것은 시간문
제이다. 물론 지금도 다양한 기계를 활용하여 환자에게 정확
한 진단을 내리고 치료를 하는 것은 가능하다.

하지만 이 로봇이 간호와 연결되는 것은 또 다른 접근이다.
간호는 기계가 할 수 없는 부분을 담당하는 부분이 정말 많
다. 인간과 인간 간의 정서적 교류도 필수적으로 이뤄져야 하
며 단순한 치료를 넘어 공감과 전인간호를 한다는 것은 인간
이 아니면 할 수 없다고 생각한다.

그래서 미래에도 없어지지 않을 직종 중 가장 상위에 있는 직
업에 간호사가 있다. 간호한다는 것은 엄마의 마음으로 보살
펴주는 것이다. 어릴 적 열이 펄펄 끓고 몸살감기에 허덕일

때 옆에서 어머니의 작은 손길이 가장 큰 힘이 되었듯이 시대
가 변하더라도 변치 않는 것은 바로 간호사다.

미래 간호사를 꿈꾸는 이들에게
조언한다면?

세상에는 수많은 직업이 존재한다. 1969년 대한민국 최초의 한국직업사전에 등록된 직업의 수는 고작 3,260개에 불과했다. 그러나 2019년 말 기준으로 1만 2,823개의 직업이 등록되어 있는데, 유사 직업의 수까지 합하면 그 수는 1만 6,891개로 늘어난다.

매년 한국 직업 전망에서 밝힌 일자리 전망을 살펴보면 일자리 증가의 가장 첫 번째로 소개하는 직업이 바로 의료/복지 분야의 간호사이다. 4차 산업혁명과 관련된 IT/개발 직군과 기계가 범접할 수 없는 인간/심리 관련 직군은 지속해서 증가할 것으로 예상하며 초고령사회로 접어들수록 제일 선두에서 필요로 하는 직업으로 간호사를 꼽는다.

이렇게 사회가 필수적으로 필요로 하면서 자신이 하는 일에 사명감을 가지고 할 수 있는 직업이 과연 얼마나 될까? 세상에는 수많은 직업이 있지만 그중에서도 '보람차게 일할 수 있는 일'을 하는 직업은 많지 않은 것 같다.

간호사가 되기 이전에 스스로 물어보는 자기만의 시간을 조금이라도 가져봤으면 좋겠다. 단순히 취업이 잘되고 돈을 잘 번다거나 부모님의 권유로 진학하는 그런 진부한 이야기는 뒤로하고 본인 스스로가 생각했을 때 과연 간호사가 된다는 것이 자기에게 어떤 의미로 다가오는지 말이다. 꿈을 꾸는 것은 누구나 할 수 있지만 그 꿈을 이루기 위해서는 무너지지 않을 단단한 노력이 필요한 법이다.

시대가 변하고 로봇이 세상에 많이 나오고 있다지만 사람을 간호한다는 것은 오직 사람만이 할 수 있다. 그만큼 환자의 아픔에 공감할 수 있어야 하고 작은 목소리에도 경청할 수 있어야 하며 매일 같은 일을 반복하는 일일지라도 매사에 신중하게 신경 쓸 수 있는 섬세함을 지닐 수 있도록 노력해야 한다.

간호사라는 직업에는 백의의 천사, 영웅, 전문직, 사명감, 책임감 등 다양한 긍정적인 수식어가 붙기도 하지만 그 이면에는 흔히들 말하는 3D 직업, 힘든 직업, 몸이 망가지는 직업 등 환자들을 돌보느라 정작 자신의 건강을 놓치기 때문에 좋지 않은 수식어도 함께 붙곤 한다.

간호는 본인의 건강을 희생하면서 하는 학문이 아니다. 간호사가 건강해야 환자도 건강하다. 정말로 본인이 간호학과를 진학해서 간호사가 되고 싶다면 자신의 건강을 먼저 챙길 줄 알아야 한다.

감히 같은 사람과 사람으로서, 사람의 생명을 다루는 일을 한다는 것은 세상 어디에도 없는 의료진만이 할 수 있는 숭고한 일이다. 그 숭고의 길 위에 나의 작은 행동 하나하나가 안위를 받는 사람에게는 생명의 숨결로 다가가는 법이다. 우리는 매일 같은 일을 한다고 생각하지만 돌봄을 받는 사람에게는 살면서 처음 받아보는 간호일 수도 있다.

생각만 하던 일들이 행동으로 옮겨질 때까지는 부단한 노력이 필요하다. 막상 간호사로 처음 발을 딛게 되는 그 순간에는 막연한 불안함과 부담감으로 무거운 공기가 나를 감싸겠지만, 그때마다 내가 어떤 간호사가 되고 싶었는지 초심으로 돌아가 생각해 보자.

무엇보다 상황을 모면하고 피하고자 하는 사람은 핑곗거리를 찾지만 상황을 유연하게 대처하고 직시하며 더 나아가고자 하는 사람은 방법을 찾는다는 것을 잊지 말자.

간호사가
사용하는

은어

태움

간호사들 사이에서만 사용되는 대표적인 은어이다. 태움(Burning)은 자기보다
연차가 아래이거나 부서 내 아랫사람을 재가 될 때까지 태운다는 뜻이다. 번아웃
(Burnout)의 'Burn'에서 나왔다는 이야기가 있을 만큼 많은 간호사가 태움으로 인
해 번아웃 증상을 호소하기도 한다. 이어서 조금만 태워도 활활 타는 신규는 마른
장작, 태워도 안타는 신규는 젖은 장작으로 불리기도 한다.

데이Day

보통 아침 근무를 말한다. 새벽 5시~아침 9시까지 병원마다 출근 시간이 다르다.

이브닝Evening

오후 근무를 말한다. 데이 근무자를 퇴근시키며 시간은 오전 10시~오후 2시, 마찬
가지로 병원마다 출근 시간이 다르다.

나이트Night

저녁 근무를 말한다. 이브닝 근무자를 퇴근시키며 저녁 9시~11시, 출근 시간이 다
르다.

오프 Off

쉬는 날을 말한다.

쓰옵 / 쓰나

'쓰옵'은 쓰리 오프, '쓰나'는 쓰리 나이트의 준말로 연속해서 3일을 쉬거나 연속해서 3일 야간 근무를 한다는 것을 말한다.

나오데

'나이트-오프-데이' 근무를 말한다. 보통 나이트가 끝나면 잠을 자기 때문에 다음 날 오프는 거의 수면 상태이다. 그런데 자고 일어나면 바로 데이 근무를 나가는 근무표라서 요즘은 많이 사라지고 있지만 여전히 떠돌아다니고 있다.

나오이

'나이트-오프-이브닝' 근무를 말한다. 나이트가 끝나고 반나절 잠을 자고 일어나도 다음 날 이브닝 근무이기 때문에 저녁에 자신의 여가 생활을 즐겨도 부담이 없다.

듀티 Duty

달마다 나오는 근무 스케줄을 말한다. 보통 3교대를 하는 간호사들에게는 하루 업무를 Day, Evening, Night 이 3가지 중 하나의 근무를 배정받는데 그 배정받은 근무를 듀티라고 한다.

더블

하루에 두 가지 근무 형태를 연달아 하는 것이다. 예를 들어 데이로 출근했으면 이브닝에 퇴근해야 하지만 더블일 경우 데이-이브닝 연속해서 근무하는 것을 말한다. 살인적인 근무다.

몇 다시 몇

연달아 있는 근무표의 경우 전체 근무 중 오늘이 몇 번째 근무 날인지를 말한다. 예를 들어 5개의 데이 근무가 연달아 있으며 오늘이 시작하는 첫날이면 5 다시 1이라고 말한다. 다음 날은 5 다시 2가 된다.

미드데이 Mid Day, MD
낮 12시 정오를 말한다.

미드나잇 Mid Night, MN
밤 12시 자정을 말한다.

스테이블 Stable
뜻 그대로 안정적인 상태를 말한다. 근무하면서 환자들에게 특별한 이상 증상이 없고 무난하게 일을 끝내는 것을 말한다.

이벤트 Event
환자에게 특별한 이벤트가 있었다는 것은 축하할 만한 일이 생겼다는 것이 아니라, 무슨 일이나 사건이 있었다는 부정적인 의미로 쓰인다. 스테이블과 반대로 언스테이블 했다는 것을 말하기도 한다.

내공
내공이란 오랜 기간 경험을 통해 쌓은 능력이라는 뜻을 지니고 있는데, 간호사들 사이에서 '내공이 좋다'라는 것은 중증도가 심한 환자를 맡지 않는다는 것을 말한다. 내공이 좋은 간호사는 배정받은 듀티가 정말 스테이블 하게 지나가며 내공이 좋지 않은 간호사는 멀쩡했던 환자도 심정지가 온다는 말도 있다.

병바병 / 케바케
'병바병'은 병원 by 병원, '케바케'는 Case by Case를 말한다. 병원마다 다르고 케이스마다 그때그때 다르다는 것을 의미한다.

현역

제 나이에 간호학과 4년제를 마치고 바로 일을 시작한 간호사를 말한다.

올드쌤

임상에서 오래 일하신 간호사 선생님을 말한다.

응사

응급사직을 말한다. 어느 날 갑자기 통보도 없이 병원을 안 나오는 경우이다.

트레이닝

신규간호사로 입사하면 부서의 일을 교육받고 공부하는 일을 말한다.

프리셉터

신규간호사를 교육하는 선배 간호사.

프리셉티

선배 간호사에게 교육받는 신규간호사.

ABR Absolute Bed Rest

'절대 침상 안정'의 의미로 보통 환자들에게 쓰는 의학 용어이지만 간호사들 사이에서 은어로 많이 사용된다. 담당했던 듀티가 너무 힘들었거나 환자에게 시달렸을 경우 "집에 가서 ABR 좀 해야겠어"라고 말한다.

NPO Nothing Per Oral

'금식'을 의미하는 의학 용어이다. 보통 수술 전 금식을 해야 할 경우나 특별한 검사가 있을 경우 "NPO하세요"라는 말로 쓰지만 간호사들 사이에서 공복 시간을 말할 때 "NPO 10시간 째야"라고 말한다.

라인Line

환자들이 맞고 있는 수액을 말한다. Fluid라고도 말하기도 하는데 보통 환자가 맞고 있는 수액이나 수액줄 등을 통틀어서 말하는 경우가 많다.

베인Vein / 아테리Artery

베인은 정맥, 아테리는 동맥을 말한다.

말펑Malfunction

'Function'은 정상적으로 작동하거나 기능을 한다는 것을 의미하는데 'Malfunction'은 제대로 기능하지 못한다는 것을 말한다. 보통 간호사들 사이에서는 몇 번을 가르쳐도 이해하지 못하거나 제대로 일하지 못할 때 '말펑'이라는 말을 쓰기도 한다.

@@@ / QQQ / JS

병원마다 쓰는 은어가 다르지만 '진상 보호자'를 의미한다는 의미이다. 간호사들에게 무리한 요구를 한다거나 일방적으로 언성을 높이는 경우 골뱅이, 큐큐큐, JS는 진상을 말한다.

환타

흔히 즐겨 마시는 환타 음료수가 아니다. '환'자에게 '탄'다는 의미이다. 유독 특정 간호사 선생님이 출근하면 정상적이었던 환자도 갑자기 아프다거나 상태가 안 좋아지는 상황이 있다. 이런 경우 환자에게 탄다라고 말한다. 그래서 간호사들이 가장 싫어하는 음료수도 환타다.

라포Rapport

라포는 사람과 사람 사이에 생기는 상호신뢰 관계를 말하는 심리학 용어이다. 특히나 간호하면서 환자와 라포를 쌓는 것은 정말 중요하다. 서로의 마음이 통한다는 것을 의미하기에 민감한 일이라도 서로 터놓고 말할 수 있다. 그만큼 서로의 신뢰가 쌓이는 것이다.

옵쎄하다Obsessive

행동이 깐깐하거나 섬세할 때 쓴다.

톡식하다Toxic

성격이 유독적이거나 부정적인 의미가 담겨있다.

멘탈Mental

환자의 의식 수준을 말한다. 'Alert'은 정신이 말짱한 경우, 'Drowsy'는 어지럽고
지남력이 없는 경우를 말한다. 그다음으로는 'Stupor', 'Semicoma', 'Coma' 순으
로 나눠진다.

이리터블irritable

신경질적이고 민감한, 가만히 있지 못하고 정신 사나운 상태를 말한다.

코드브라운

코드블루는 심장마비 환자 발생 시 병원 내에서 방송하는 코드를 말한다. 그런데
코드브라운은 정식 용어로는 없지만, 환자가 대변을 보았을 경우 그 상황을 코드브
라운이라고 은어적으로 말한다.

오늘 왜 이렇게 조용하지?

병원에서는 절대적으로 입 밖으로 꺼내서는 안 되는 금지어. 평소 바쁘다가도 어느
순간 주변이 평화롭고 일이 없는 순간이 있다. 그런데 "오늘 왜 이렇게 조용하지?"
라는 말 한마디에 저 멀리서 구급차가 날아오고 여기저기서 환자 알람이 울리기 시
작한다.

팔피테이션Palpitation

심계항진을 말한다. 불규칙하거나 빠른 심장 박동이 느껴지는 증상을 말하는데, 긴
장되거나 당황스러운 상황을 마주했을 때 은어적으로 말한다.

굿 해야 된다 / 팥 놔야 된다 / 소금 쳐야 된다

환자에게 타는 일이 한두 번이 아니라 지속적으로 이어질 때, 좋지 않은 기운을 없애야 한다는 것을 은어적으로 말한다.

유엠 / 팟짱

예전에는 '수간호사'라는 용어를 많이 썼지만, 지금은 'Unit Manager', '파트장' 등 용어가 많이 바뀌고 있다. 그 말을 줄여서 유엠님, 팟짱님이라고 부르곤 한다.

옵저베이션Observation

옵저는 관찰한다는 의미이다. 학생 간호사 시절에는 간호사 선생님 뒤에서 옵저한다고 말하면서, 간호사 선생님 어깨너머로 환자를 간호하는 모습을 관찰한다는 은어로 쓰인다.

데일리Daily

매일매일, 날마다, 일상적인 의미로 쓰인다.

삐아이디Bid

Bis(2회), in(안에), Die(하루, 날)의 약어로 '하루 2번'을 의미한다.

컨타Contamination

오염이라는 뜻이다. 옷이나 주변 환경이 더러워졌을 때 "그거 컨타됐다!"라고 말하곤 한다.

아이오I/O

'Intake', 'Output'을 의미한다. 'Intake'는 수액을 포함하여 먹는 모든 것을 말한다. 'Output'은 대소변이나 구토 등 몸에서 나오는 모든 것을 말한다. 은어로는 본인이 오늘 먹은 양과 배출된 양이 얼마인지 우스갯소리로 말하곤 한다.

에이셉틱Aseptic

무균성의, 균이 없는 상태를 말한다.

프렙Preparation

'준비하다'의 의미가 있다. 줄여서 'Prep'이라고 많이 쓰인다.

PRN Pro Re Nata

피알엔이라고 읽으며 '필요에 따라'라는 의미가 있다. 보통 의사의 처방에 사용되는 용어이며 환자의 상태에 따라 간호사의 재량으로 조치할 수 있다.

고진선처 부탁드립니다.

보통 의사들이 진료의뢰서나 협진의뢰서 내 마지막에 쓰는 말이다. 고생하더라도 선처하여 주기를 바란다는 뜻으로 진료를 보는데 어렵고 힘든 일이 있더라도 적절하게 잘 처리해 주기를 부탁할 때 쓰이며, 동료끼리 무엇인가를 부탁할 때도 은유적으로 쓰이곤 한다.

디씨(D/C)

Discontinue의 약자로 '중단'이라는 의미를 가지고 있다. 임상에서 주로 수술이나 시술, 검사나 투약 등 어떠한 의료 행위를 취소, 중단한다는 의미가 있다.

익파expire

'익스파이어'의 약자로 환자의 죽음을 의미한다.

동사나사

'동기 사랑 나라 사랑'의 줄임말이다.

EPILOGUE

"방황해도 괜찮아."

한 사람의 영향력으로 인해 다른 사람의 인생을 바꿀만한 일들이 얼마나 있을까? 굽이치는 우여紆餘와 몰아치는 곡절曲折의 풍파를 맞아가며 묵묵히 자신의 길을 걸어가는데 이미 나와 같은 길을 걸어가고 있는 누군가의 뒷모습이 보인다면 그것만으로도 조금의 위안이 될 것 같다는 생각이 든다.

외로움만큼 자신에게 주저하게 되는 순간은 없다. 주저하되 멈추지 말고 천천히 가더라도 스스로가 정한 길을 신뢰하고 나아가자. 그 누구의 인생이 아니라 나의 인생이다. 내가 가는 길이 곧 길이 된다는 자신감으로 자신의 선택에 책임을 진다고 생각하면 세상의 잣대가 무엇이 중요하겠는가.

자신이 무엇을 바라보느냐에 따라 무엇이 되기도 한다. 지금 이 글을 읽고 있다면 당신도 그 무엇인가를 바라보고 있다는 것인데, 조금은 앞서 걷는 나의 뒷모습을 바라보며 조금은 평탄한 길 위에 서 있었으면 좋겠다.

이번 간호사 직업에 대한 글을 쓰면서 나도 나의 모습을 돌아

볼 수 있는 시간이 되었다. 지금 내가 걷는 이 길이 누군가에게는 위안이 될 수 있음을 알았다. 선택의 기로에 서 있을 누군가의 인생을 통째로 뒤바꿀 순 없겠지만, 적어도 다가올 미래에 현명한 선택을 할 수 있는 귀한 정독의 시간으로 전해지길 바란다.

누구나 같은 정보를 접하더라도 다른 생각을 가질 수 있다. 똑같은 정보를 손에 넣었을 때 그저 종이 위에 활자로 받아들인다면 그 순간에만 남아있는 것이고, 이 정보를 물심 활용하여 자신만의 것으로 만들어 나간다면 미래의 순간을 준비할 수 있을 것이다. 그래서 정보는 크게 중요하지 않다. 그 정보를 어떻게 받아들이고 행동할 것인가가 중요하다.

방황에는 방향도 정해져 있지 않지만, 시기도 정해져 있지 않다. 언제 어디서든 방황할 수 있는 여건은 충분하기에 중요한 것은 자신의 마음가짐이다. 누구나 방황할 수 있다. 하지만 같이 방황하는 사람이 될 것인가? 아니면 다르게 방황하는 사람이 될 것인가?

지금의 방황은 지극히 당연하다. 방황 끝에는 반드시 찾는 길이 있을 것이다. 나의 가치는 내가 만들고, 내가 쌓아 올린다. 꿈을 꾸는 것은 누구나 할 수 있지만 꿈을 이루기 위해서는 부단한 노력이 필요하다는 것을 잊지 말자.

방황의 끝에서 방향을 찾아
누군가에게 뒷모습을 보여줄 당신에게

간호 읽어주는 남자

초판 1쇄 발행 2022년 9월 16일
초판 2쇄 발행 2023년 6월 30일

글 김진수
발행인 채종준

출판총괄 박능원
책임편집 김채은
디자인 김예리
마케팅 문선영 · 전예리
전자책 정담자리
국제업무 채보라

브랜드 크루
주소 경기도 파주시 회동길 230(문발동)
투고문의 ksibook13@kstudy.com

발행처 한국학술정보(주)
출판신고 2003년 9월 25일 제406-2003-000012호
인쇄 북토리

ISBN 979-11-6801-577-7 03040

크루는 한국학술정보주의 자기계발, 취미 등 실용도서 출판 브랜드입니다.
크고 넓은 세상의 이로운 정보를 모아 독자와 나눈다는 의미를 담았습니다.
오늘보다 내일 한 발짝 더 나아갈 수 있도록, 삶의 원동력이 되는 책을 만들고자 합니다.